D1706160

Erfolgreic]
Small Taιк
einfach erklärt

4. Auflage

Dieser Ratgeber
empfiehlt wie Sie:

a. erfolgreich ins Gespräch kommen,
b. im Gespräch bleiben,
c. und es ansprechend beenden.

**Die Empfehlungen verwenden Sie für
spontanen und geplanten Small Talk.**

Besonders vorteilhaft:
Es enthält einen aufschlussreichen Test
und einen aussagestarken Selbstcheck

***Small Talk
ist eine der wichtigsten Voraussetzungen
für privaten und beruflichen Erfolg.***
Karl Hermann Künneth

■■■

Mit Sonderteil:
Komplimente
Balsam für Menschen

„Komplimente liebt jeder Mensch.“
Abraham Lincoln
16. Präsident der USA

PremiumSeminare & PersönlichkeitsCoach

Inhaltsverzeichnis

Brief einer Teilnehmerin am Small Talk-Seminar
Dieser Ratgeber baut auf dem Seminar auf

Sehr geehrter Herr Künneth,

ich war vorige Woche bei Ihnen in Ihrem Seminar "Kontaktstarker Smalltalk" in Pfaffenhofen.

Gestern Abend fand die Graduierungsfeier der Theologen an der LMU in München statt. Beim anschließenden Sektempfang konnte ich mein neu erworbenes Wissen sogleich in die Praxis umsetzen. Ich habe mich mit den verschiedensten Professoren wunderbar unterhalten - es hat richtig Spaß gemacht. Ihre Tipps haben mir die nötige Sicherheit gegeben, sodass Smalltalk plötzlich kein Problem mehr war. Es ist mir sogar gelungen, einen Dozenten per Blickkontakt zu signalisieren, dass ich gerne mit ihm sprechen würde, sodass er sein bisheriges Gespräch beendet hat und auf mich zukam.

Ich möchte mich auf diesem Wege nochmals für Ihre gutes Seminar und die zahlreichen nützlichen Hinweise bedanken.

Ich werde bestimmt mal wieder ein Seminar bei Ihnen besuchen.

Herzliche Grüße

Kathrin S. Kürzinger

Weiter geht es mit einem Test!

Test: Wie groß ist Ihre Angst vor Menschen?

Mit dem nachfolgenden Check finden Sie Anhaltspunkte in welchem Umfang Schüchternheit Ihr Leben beeinflusst. Kreuzen Sie bitte die Antworten an, die Ihrem Verhalten, Ihren Gefühlen oder Lebensumständen am nächsten kommen. Antworten Sie zügig, aus dem Gefühl heraus, denken Sie nicht lange nach.

1. **Wenn ich neue Menschen kennen lerne, brauche ich eine Weile bis ich auftaue.**
   Nie   1   Hin und wieder   2
   Meistens   3   Immer   4

2. **In unvertrauten Situationen bin ich aufgeregt, bzw. fühle ich mich körperlich nicht wohl.**
   Nie   1   Hin und wieder   2
   Meistens   3   Immer   4

3. **Einladungen zu großen Festen und Zufallsbegegnungen mit flüchtigen Bekannten sind mir ein Gräuel.**
   Nie   1   Hin und wieder   2
   Meistens   3   Immer   4

4. **Es ist mir sehr unangenehm, wenn ich im Mittelpunkt des Interesses stehe.**
   Nie   1   Hin und wieder   2
   Meistens   3   Immer   4

5. **Während eines Gesprächs denke ich öfters daran, wie mich mein Gesprächspartner wohl findet.**
   Nie   1   Hin und wieder   2
   Meistens   3   Immer   4

6. **Menschen, die mich nur flüchtig kennen, halten mich für arrogant, überheblich oder snobistisch.**
Nie 1   Hin und wieder 2
Meistens 3   Immer 4

7. **Am wohlsten fühle ich mich, wenn ich mit meiner Familie oder guten Freunden zusammen bin.**
Nie 1   Hin und wieder 2
Meistens 3   Immer 4

8. **Ich verhasple mich, verspreche mich, weiß im Satz nicht mehr weiter oder verliere den Faden.**
Nie 1   Hin und wieder 2
Meistens 3   Immer 4

9. **Ich fühle mich von meinen Gesprächspartnern beobachtet.**
Nie 1   Hin und wieder 2
Meistens 3   Immer 4

10. **Ich fühle mich einsam / isoliert / als Außenseiter.**
Nie 1   Hin und wieder 2
Meistens 3   Immer 4

11. **Vor einem Betriebsfest, einem Empfang oder einer Familienfeier habe ich Herzklopfen / mein Darm rebelliert / zittere ich.**
Nie 1   Hin und wieder 2
Meistens 3   Immer 4

12. **Normalerweise fällt es mir schwer, ein Gespräch in Gang zu bringen. Ich warte lieber darauf, dass andere mich ansprechen oder sich zu mir setzen.**
Nie 1   Hin und wieder 2
Meistens 3   Immer 4

13. Im Gespräch mit anderen fühle ich mich eher unbedeutend und uninteressant.

Nie   1   Hin und wieder   2
Meistens   3   Immer   4

14. Ein Glas Wein, ein anderes alkoholisches Getränk oder eine Zigarette helfen mir, mich zu entspannen.

Nie   1   Hin und wieder   2
Meistens   3   Immer   4

15. In Beziehungen ist mir Sicherheit sehr wichtig.

Nie   1   Hin und wieder   2
Meistens   3   Immer   4

16. Es fällt mir schwer, meine Fähigkeiten darzustellen oder meinen Standpunkt zu vertreten.

Nie   1   Hin und wieder   2
Meistens   3   Immer   4

17. Meine Eltern haben mich als Kind wesentlich öfters kritisiert als gelobt.

Nie   1   Hin und wieder   2
Meistens   3   Immer   4

18. Ich habe Herzklopfen, bzw. fühle mich unwohl, wenn ich mich vor einer großen Runde vorstellen soll.

Nie   1   Hin und wieder   2
Meistens   3   Immer   4

Zählen Sie die Zahl der Punkte zusammen. **Anzahl:** _____

Ergebnis nächste Seite

54 und mehr Punkte:

Sie sind überdurchschnittlich schüchtern. Sie fühlen sich als Außenseiter und es fällt Ihnen schwer, Freundschaften zu schließen und Ihre Meinung zu vertreten. Das Zusammensein mit anderen Menschen empfinden Sie eher als unangenehm. Wann immer es geht, ziehen Sie sich in Ihr Schneckenhaus zurück, wahrscheinlich würden Sie gerne daraus hervorkommen.

46-53 Punkte:

Schüchternheit ist in vielen Situationen ein Problem für Sie. Sie versuchen dies zu überspielen. Unbekannte Situationen und fremde Menschen empfinden Sie eher als unangenehm oder anstrengend. Manchmal deutet Ihre Umwelt Ihr Verhalten auf solche Situationen als Arroganz oder Distanziertheit.

37-45 Punkte

Es gibt immer wieder mal Situationen und Menschen, die Ihnen Nervosität oder Lampenfieber bereiten, ohne Sie deshalb einzuschüchtern.

Unter 37 Punkten:

Schüchternheit spielt in Ihrem Leben keine Rolle.

Auszug aus dem HEYNE Business - Buch „Small Talk "ISBN N3 - 453 - 14838 - X
Autorinnen: Doris Märtin / Karin Boeck

Gratulation zum Erwerb dieses Ratgebers. Der Erfolg der bisherigen 3 Auflagen ermöglicht diese aktualisierte 4. Auflage.

Wenn Sie den Inhalt situationsgerecht umsetzen, verliert Small Talk seinen Schrecken. Zusätzlich schließen Sie beruflich und privat leicht neue, nützliche Bekanntschaften.

Privat werden Sie wegen Ihrer Gesprächsfähigkeit bewundert.
Beruflich wird Ihr Talent zum „kleinen Gespräch" sehr geschätzt. Es ist ein sicherer Mosaikstein für Ihre Karriere. Mitarbeiter, die in der Lage sind mit anderen Personen, Kollegen, Kunden oder Besuchern schnell und ansprechend ins Gespräch zu kommen, werden in Firmen, ob groß oder klein, ob Handel oder Handwerk gesucht und geschätzt.
Dieser Ratgeber erklärt auf verständliche, unkomplizierte Art und Weise

* den Schlüssel zum erfolgreichen Small Talk,
* erläutert seine Anwendung,
* vermittelt erprobte Tipps.

Sie entscheiden, welche Tipps Sie nutzen oder nicht. Ideal ist die Verbindung vom Besuch eines Small Talk-Seminars und der Lektüre von diesem Ratgeber. Beides ergänzt sich hervorragend.

Wenn Sie die Empfehlungen im Teil „Komplimente" nutzen, werden Ihre Gesprächspartner gerne mit Ihnen sprechen. Aber übertreiben Sie damit nicht.

Bitte verstehen Sie, dass manche meiner Empfehlungen im Ratgeber wiederholt werden. Es ist zu Ihrem Vorteil. So merken Sie sich diese besser.

Viel Freude beim Lesen und viel Erfolg bei der Umsetzung wünscht Ihnen

K. H. Lüth

Karl Hermann Künneth
München, Sommer 2017

Bei der Erstellung dieses Ratgebers wurde mit großer Sorgfalt vorgegangen, trotzdem können Fehler nicht vollständig ausgeschlossen werden.
Der Autor übernimmt für fehlerhafte Angaben und deren Folgen weder eine juristische Verantwortung noch Haftung.
Der Inhalt wurde zur Korrektur und Grammatik mit dem aktuellen Programm von Microsoft überprüft.
Für Verbesserungsvorschläge und Hinweise auf Fehler oder Unstimmigkeiten ist der Autor dankbar.
Bitte mailen Sie diese an: info@premiumseminare.de oder schreiben Sie dem Autor.

Dieser Ratgeber, einschließlich aller seiner Teile, ist urheberrechtlich geschützt. Jede Verwertung außerhalb der engen Grenzen des Urhebergesetzes ist ohne schriftliche Zustimmung des Autors unzulässig und strafbar. Dies gilt insbesondere für Vervielfältigungen, Übersetzungen, Mikroverfilmung oder die Einspeicherung und Verarbeitung in elektronischen Systemen.

Impressum

© 2017

Autor: Karl Hermann Künneth

Riesstraße 84

80993 München

www.premiumseminare.de

Herstellung und Verlag:

BoD - Books on Demand,

22848 Norderstedt

ISBN: 9783837007343

Vorab eine wichtige Anmerkung:

Viele der geschilderten Redewendungen wirken auf meine Leser wahrscheinlich etwas überzogen, gestylt, trocken oder abgehoben.

Ich traue meinen Lesern zu, dass sie die Beispielsätze situativ in ihren Sprachstil umwandeln, damit sie in ihrer typischen Ausdrucksweise mit stimmiger Körpersprache einen positiven Eindruck vermitteln.

Wenn Sie sich zum Small Talk-Profi entwickeln wollen, besuchen Sie eines unserer Small Talk-Seminare. Info erhalten Sie über **info@premiumseminare.de**

Sehr schnell werden Sie feststellen, dass Small Talk

- vorteilhaft private und berufliche Kontakte knüpft,
- unkompliziert weitergeführt werden kann,
- elegant und professionell Gesprächspausen überbrückt,
- und unkompliziert beendet werden kann.

Sich anschweigen muss nicht sein!

Small Talk ist die Kunst...
Gespräche erfolgreich zu beginnen.
Gespräche angenehm weiterzuführen.
Anregend das Thema zu wechseln
und positiv zu beenden.

Viel Erfolg bei der Anwendung für Ihren Small Talk! Doch zuerst sollten Sie sich darüber im Klaren sein, was Small Talk ist.

Normalerweise versteht man darunter ein beiläufiges, unverbindliches und oberflächliches Gespräch. Small Talk ist **kein** Fachgespräch oder eine Diskussion.

Er ist das **kleine positive** Gespräch, häufig mit großer Wirkung. Mittels Small Talk klären Sie, ob Sie in den einfachen, oberflächlichen Themen mit Ihrem Gesprächspartner übereinstimmen. Wenn mit unverfänglichen Punkten keine Übereinstimmung besteht, sollten Sie weitere Gespräche über schwierigere Themen meiden. Diese verlaufen mit Sicherheit kompliziert, nicht rund und werden scheitern. Beide Seiten fühlen sich nicht wohl.

Beispiel:
Wir lernen im Urlaub gerne andere Urlauber kennen und unternehmen dann manches gemeinsam. Zuerst klären wir mithilfe eines kleinen unverfänglichen Gesprächs (Small Talk), ob gemeinsame Interessen vorhanden sind. Wenn diese weitgehend übereinstimmen, dann verabreden wir uns mit den neuen Bekannten. So vermeiden wir Situationen, dass wir gemeinsam etwas Unternehmen und dabei feststellen, dass unsere Interessen nicht übereinstimmen und wir möglicherweise einen Urlaubstag verlieren. Mit Small Talk kann man diese Urlaubspleiten vermeiden.

Die Small Talk-Hemmschuhe

Die Frage, die ich mir immer wieder stelle, ist:
Weshalb haben viele Menschen Small Talk-Probleme?

Die nachstehend genannten Punkte werden mir von
meinen Seminarteilnehmern immer wieder als
„Hemmschuhe" genannt.

➡ **Denken, was die andere Person denkt**
Seminarteilnehmer bestätigen mir, dass sie Bedenken
haben, unbekannte Menschen anzusprechen. Sie
befürchten, dass diese unbekannte Person negativ über
sie denkt. Das ist eines der größten Hindernisse beim
Ansprechen unbekannter Personen. **Nur Mut.** Wenn Sie
bei der Auswahl Ihrer Gesprächspartner überlegt
vorgehen und die in diesem Ratgeber genannten Punkte
beachten, werden Sie erfolgreich in Kontakt kommen.

Menschen sind kommunikativ und bestrebt

- interessante Bekanntschaften zu schließen,
- unterhaltsame Erlebnisse zu erfahren,
- selbst zu erzählen,
- gute Gespräche zu führen.

Die meisten meiner Seminarbesucher sagen, dass sie sich
nicht trauen ein Gespräch zu beginnen. Doch
andererseits unterhalten sie sich gern, wenn sie höflich
und unaufdringlich angesprochen werden.

Außerdem ist es zwischen Erwachsenen üblich und höflich, auf eine vernünftige Anrede unbekannter Personen anständig zu antworten.

➡ **Schüchternheit** (Angst vor Blamage)
Andere befürchten, dass sie bei dem Versuch, ein Gespräch zu beginnen, abblitzen und sie sich vor anderen Anwesenden blamieren.
Mit diesen Befürchtungen überschätzen Sie normalerweise Ihre eigene Bedeutung. Nur wichtige oder prominente Personen werden ständig beobachtet. Denen verzeiht man auch eine holprige Gesprächsaufnahme.
Nehmen Sie sich selbst nicht zu wichtig. Außerdem kann kein Beobachter aus der Entfernung beurteilen, ob Sie eine Auskunft erfragten oder einen Small Talk-Versuch starteten.

➡ **Schlechte Vorbereitung**
Einer der verhängnisvollsten Fehler bei der Absicht zu „smalltalken" ist **die schlechte Vorbereitung.**
Normalerweise kennt man die Situation, in der man sich befindet. Dies ist die Voraussetzung für Ihren erfolgreichen Small Talk!
Stellen Sie sich folgende Fragen:
In welcher Situation – privat oder beruflich – befinde ich mich?
Wer sind die Anwesenden (Hierarchie und Niveau)?
Was sind deren Interessen?
Was möchte ich mit meinem Small Talk erreichen?

Dies sind alles normale Überlegungen. Je besser Sie sich vorbereiten, umso erfolgreicher werden Sie Ihren Small Talk starten. Bereits Christiane Vulpius (1765-1816) schrieb an ihren Ehemann J. W. von Goethe, dass sie, seitdem sie sich besser auf Gespräche (Small Talk) bei Einladungen am Hof des Großherzogs in Weimar vorbereitet, diese erfolgreicher führt. Vorher hatte sie große Schwierigkeiten.

Auch das ist Tatsache: Prominente Personen kann man in privaten Situationen lockerer ansprechen als zu offiziellen Anlässen.

➡ **Mangelnde Übung**

Nutzen Sie alle Möglichkeiten, Small Talk zu üben. Sie werden so

- Ihre Hemmschwellen abbauen,
- sicherer,
- argumentationsstärker,
- sich beim sprachlichen Ausdruck ansprechender ausdrücken,
- Ihr Selbstbewusstsein stärken,
- Ihren Sprachschatz vergrößern,
- die unterschiedlichsten Personen kennen lernen,
- und von Versuch zu Versuch sicherer.

Small Talk können Sie beim täglichen Einkauf im Supermarkt, auf der Straße, im Café, Bus oder in der U-Bahn, ja, fast in allen Situationen üben.

Beispiele:
Sie stehen am Weinregal im Supermarkt. Neben Ihnen steht eine Ihnen unbekannte Person. Wenn sie Ihnen positiv und freundlich erscheint, stellen Sie doch einfach die Frage:

„Entschuldigung, ich soll mich nach trockenen, weißen Weinen umschauen. Leider kenne ich mich nicht aus. Können Sie mir bitte sagen, auf was ich achten muss?"

<u>Oder</u>:

„Entschuldigung, ich soll mich nach einem lieblichen Rotwein umschauen. Können Sie mir bitte behilflich sein?"

Bitte beachten Sie: Sie sollten nur eine unbekannte Person ansprechen, wenn Sie ein gutes Gefühl dabeihaben.

Wahrscheinlich kennen Sie das: Man steht neben einer unbekannten Person, mustert sie unauffällig und hat ein gutes oder unangenehmes Gefühl. Bei einem guten Gefühl sprechen Sie die Person an. Bei einem unangenehmen Gefühl lassen Sie es bleiben.

Ich verwende bei der ersten Kontaktaufnahme häufig als erstes Wort das Wort *„Entschuldigung"*.
Allerdings mache ich nach dem Wort eine kurze Sprechpause.
Beides wirkt positiv. So kann sich mein Gesprächspartner an meine Stimme, meinen Sprachstil und Ausdrucksweise

gewöhnen. Dabei lächle ich. So entsteht bereits bei der Kontaktaufnahme ein positiver Eindruck. Menschen die sich entschuldigen und dazu noch freundlich lächeln, ist man nicht böse.

Sprechen Sie nicht zu schnell. Ein Missverständnis beim ersten Satz erschwert Ihren Small Talk erheblich.

Wenn Sie diese Punkte beachten und Ihre Hemmungen überwunden haben, führt Sie der nächste Punkt **„Kontaktaufnahme"** sicher zum Ziel.

Ich wiederhole mich gerne. Es ist zwischen Erwachsenen üblich und höflich, auf eine vernünftige Anrede anständig zu antworten.

Zusammenfassung:
Meiden Sie die Small Talk-Hemmschuhe:

- **Denken Sie nicht** was die Person, die Sie ansprechen, möglicherweise über Sie denkt.

- **Keine Schüchternheit und Angst** vor der Blamage, wenn Sie abgewiesen werden.

- **Sie werden fast keine erleben, wenn Sie dabei lächeln und die Worte „Entschuldigung" und „Bitte" verwenden.**

- **Ihre schlechte Vorbereitung.** Je wichtiger der Small Talk für Sie ist, umso gründlicher müssen Sie sich darauf vorbereiten. Dies ist beim beruflichen Small Talk Voraussetzung.

- **Keine Übung.** Nutzen Sie jede Möglichkeit – beruflich und privat – um im Small Talk fit zu werden und zu bleiben.

Ihre erfolgreiche Kontaktaufnahme

Wählen Sie Ihren Small Talk-Einstieg deshalb nach folgenden Kriterien:

1. **Wie schätze ich die Person ein, die ich ansprechen will?**
   Konservativ, modern, steif, locker, ernst, humorvoll.
2. **Welche Ausdrucksweise passt zu mir?**
   Leger, traditionell, witzig, seriös, amüsant, flippig.
3. **In welcher Situation bin ich?**
   Offiziell, informell, beruflich, privat.
4. **Wie will ich wirken oder rüberkommen?**
   Ernst, nachdenklich, ungezwungen, seriös, flippig, mädchen-/jungenhaft.

Sobald diese Kriterien geklärt sind, steht fest, wie Sie die ausgewählte Person ansprechen.

Wichtig: Entscheiden Sie sich für den Small Talk-Partner, bei dem Sie ein gutes Gefühl haben. Solch positive Gefühle sind meist beiderseitig.

Wenn Sie eine Person nach diesen Kriterien zum Small Talk auswählen, kann nicht viel schiefgehen.

Wenn jedoch schon die Äußerlichkeiten nicht harmonieren oder Sie die Situation falsch einschätzen, wird die Kontaktaufnahme schwierig und wenig erfolgreich.

Einzelne Personen versprechen Erfolg

Halten Sie Ausschau nach Einzelpersonen. Diese werden Ihnen wahrscheinlich keine Abfuhr erteilen, wenn sie von Ihnen vernünftig angesprochen werden. Im Gegenteil. Einzelne werden Ihnen sogar dankbar sein. Ihr „Dornröschenschlaf" wird durch Sie beendet.

Wir Deutsche sind durchaus kommunikativ und an guten Gesprächen interessiert, wenn nur der Gesprächsstart nicht so schwierig wäre. Viel leichter ist es, wenn die andere Person damit beginnt. Wahrscheinlich denkt Ihr potentielles Ansprechopfer ebenso.

Wer sich allein in eine Ecke, an einen entfernt stehenden Bistrotisch, an eine Fensterbank, Säule oder Ähnliches „verkrümelt", gehört häufig zu den **Schüchternen.** Sie können jedoch sehr angenehme Small Talker sein. Ihnen fehlt meist der Mut, auf andere zuzugehen, obwohl Sie die Fähigkeit besitzen, interessante Gespräche zu führen.

Bei der Anknüpfung des Small Talks steht Lächeln erst an zweiter Stelle. Gehen Sie nach Folgender erprobter Reihenfolge vor.

Zuerst erfolgt Ihr Blickkontakt

Damit signalisieren Sie Ihrem potenziellen Small Talk-Partner: Ich sehe Sie.

Deshalb ...

- kein unfreundlicher Blickkontakt,
- kein neutraler Blickkontakt,
- nicht anstarren,
- nicht fixieren,
- nicht angieren,
- nicht anschmachten,
- nicht „mit den Blicken ausziehen".

Sondern schauen Sie freundlich und aufgeschlossen.

Nehmen Sie einen normalen Blickkontakt auf.

Bitte beachten Sie dazu das Kapitel **Blickkontakt**.

Ihr offener Blickkontakt bedeutet für Ihr Gegenüber: **Ich sehe Sie und finde Sie sympathisch!**

Ihr Blickkontakt wird erwidert? Jetzt...

...lächeln Sie.

Lächeln steht auf der Sympathieskala der Deutschen an erster Stelle. Nutzen Sie diese Tatsache. Freundliches Lächeln wird auf jeden Fall von Ihrem Gegenüber als Ausdruck der Sympathie Ihrerseits gewertet. Lächeln Sie unmittelbar nach dem Blickkontakt Ihr Gegenüber an.

- Lächeln Sie nicht cool.
- Grinsen Sie nicht.
- Lächeln Sie nicht neutral.
- Lächeln Sie einladend.

Lächeln Sie sofort, wenn Sie bemerken, dass Ihr Blickkontakt auf- bzw. angenommen wird. Lächeln wird als „Ich finde Sie sympathisch" interpretiert. Wenn Ihr Lächeln erwidert wird, dann gehen Sie auf die Person zu und sprechen Sie diese an. Starten Sie die nächste Stufe.

Nützlicher Verstärker
Wird Ihr Lächeln erwidert, nicken Sie unmerklich mit dem Kopf. Verwenden Sie dabei einen leicht fragenden Gesichtsausdruck. Wenn Sie jetzt keine negative Reaktion auf der anderen Seite bemerken, dann los. Dies ist die Ermutigung für Ihren nächsten Schritt, das **„Ansprechen"**. Gehen Sie auf den ausgewählten Gesprächspartner zu. Nicht schnell, nicht hektisch, aber auch nicht zu langsam. Bleiben Sie im Abstand von einer Armlänge vor Ihrem Gegenüber stehen. Diese Entfernung ist die **neutrale** Distanzzone.

Sie ist immer zu empfehlen, wenn man unbekannte Personen anspricht, auch **extrovertierte** Gesprächspartner. Diese bevorzugen zwar mehr Nähe, empfinden aber diesen Abstand nicht als unangenehm. Andererseits fühlen sich auch **introvertierte** Menschen wohl. Sie fühlen sich auch bei einem größeren Abstand nicht irritiert.

Die vier Distanzzonen

Nun zu den vier Distanzzonen, die sind:

1. Intime Distanz
In Mitteleuropa beginnt die Intimzone zirka 50 Zentimeter vor und endet 50 Zentimeter hinter einer Person. Seitlich ist sie etwas geringer. Die intime Distanz ist körperliche Nähe, körperlicher Kontakt.

Das nicht ausdrücklich gestattete Betreten der intimen Distanzzone durch Berührung kann Ablehnung und sogar Aggression hervorrufen.

Im Berufsleben ist diese Zone mit äußerster Vorsicht zu behandeln.

Gemeint ist auch die Distanz, welche man beim Tanzen der **Standardtänze** einhält.

2. Persönliche Distanz

Als zweites folgt die persönliche Distanz, zwischen etwa fünfzig Zentimetern und einem Meter bis anderthalb Meter nach vorne und hinten. Auch hier ist der seitliche Abstand geringer.

Dieser Abstand erlaubt z.B. die bei uns übliche Form der Begrüßung, den Handschlag.

Dieser wird meistens erst dann als unangenehm empfunden, wenn er zu dicht, quasi Nase an Nase, stattfindet. In einem solchen Fall wäre er ja auch in die intime Zone gerutscht, wohin er nicht gehört.

In diesem Bereich werden persönliche Gespräche geführt, ohne dass die Partner sich bedrängt fühlen.

3. Gesellschaftliche Distanz

Die nächste Zone erfasst eine Entfernung von etwa einem Meter bis zu ca. zwei Metern.

In dieser Zone begegnen sich die Menschen eher abwartend.

4. Öffentliche Distanz

Von der Grenze der persönlichen Distanzzone bis zu einer Entfernung von etwa drei Metern nach vorne und hinten erstreckt sich die öffentliche Distanzzone. Sie beträgt mehrere Meter Abstand. Sie spielt für den Umgang mit Kollegen und Besuchern kaum eine Rolle. Bei Kritikgesprächen schon. In dieser Zone einen persönlichen Kontakt in Form einer Begrüßung herzustellen, ist kaum möglich.

Distanzbedürfnis wahren
Es ist sehr wichtig, dass Distanzbedürfnis anderer Menschen zu respektieren. Wer jemandem „zu dicht auf die Pelle rückt „, darf sich nicht wundern, wenn er sich unbeliebt macht. Das unerlaubte Eintreten in die intime Distanzzone wird fast immer als Grenzübertretung empfunden.

Besonderheiten:
Frauen haben nicht das Bedürfnis nach großer Distanz. Sie stehen etwas näher.
Introvertierte Personen benötigen einen größeren Abstand als extrovertierte.

Kulturelle Unterschiede
In Südamerika, Süditalien und der iberischen Halbinsel z.B. sind die Distanzzonen geringer ausgeprägt als in Mitteleuropa.
Problematisch können Begegnungen zwischen „kühlen" Engländern und Personen aus heißblütigeren Zonen sein.

Ein puerto-ricanischer Mann wird z.B. seinen Gesprächspartner, wie bei Beobachtungen gezählt wurde, bis zu 180-mal pro Stunde berühren. Für den Briten genau 180-mal zu viel.

Schaffen Sie von Anfang an bei anderen positive Gefühle. Jemand, der zur Begrüßung um einen Tisch herumgeht und dem Besucher entgegenkommt, drückt wortlos aus, dass er dem Anderen näherkommen will. Er vermittelt so, dass die Kommunikation ohne Hindernis aufgenommen werden soll. Der Partner nimmt dies in der Regel nur unbewusst wahr, dennoch hilft es ihm, in eine angenehme Gesprächssituation zu gelangen.

Ein ähnlicher Effekt kann auch anders erzielt werden: Sind Sie z.B. beim Eintreten eines Besuchers in einen Raum gerade noch mit einem Telefonat beschäftigt, sollten Sie zumindest sofort Blickkontakt aufnehmen.

Auch kleine Gesten, wie hereinwinken oder auf einen Stuhl deuten, können hilfreich für einen angenehmen Gesprächsstart sein.

Jetzt:
Ansprechen (Performanz)
Das Wort Performanz ist vielen Personen unbekannt. Es ist ein wichtiger Mosaikstein für erfolgreiche Gespräche. Unter anderem meint es die Sprachverwendung in einer bestimmten Situation.

Sie wissen, in welcher Situation Sie sich befinden. Deshalb wird es für Sie nicht schwer sein, den entsprechenden sprachlichen Ausdruck anzuwenden.

Personen in gehobenen Positionen oder aus besseren Gesellschaftskreisen werden anders angesprochen als Personen aus unteren Gesellschaftskreisen. Das beginnt schon beim „Duzen" oder „Siezen". **Siezen** Sie Ihren Gesprächspartner. Das Gleiche gilt bei der Wahl zwischen Hochsprache oder Dialekt. In der Region schadet Ihnen der Dialekt sehr selten. Auf der sicheren Seite sind Sie jedoch überall, wenn Sie sich im sauberen Deutsch ausdrücken.

Hüten Sie sich beim Small Talk vor einem vorschnellen „DU" - sowohl privat als auch beruflich. So können Sie sich schnell eine Abfuhr einhandeln.

Noch schlimmer: Sie könnten damit einen ungünstigen ersten Eindruck vermitteln. Dann wird das folgende Gespräch schwierig.

Normal spricht man unbekannte Erwachsene privat oder beruflich mit „Sie" an.

Das „Duzen" ist in lockeren Situationen und Branchen möglicherweise üblich. Im Normalfall der Kontaktaufnahme aber nicht ratsam. „Siezen" vermittelt immer Respekt und Wertschätzung.

Wenn Sie diese Unterschiede und sprachlichen Signale beachten, wird Ihre Kontaktaufnahme erfolgreich verlaufen.

Zusammenfassung

Kontaktaufnahme mit unbekannten Personen – gute Chancen bei gleichem Geschlecht:

- Blickkontakt aufnehmen.
- Lächeln/nicht sofort/verzögert.
- Mit dezenten Kopfnicken unterstreichen.
- Ein leicht fragender Gesichtsausdruck hilft.
- Berücksichtigen Sie Hierarchie und gesellschaftliches Niveau.
- Von vorne auf die ausgewählte Person zugehen.
- Keinerlei Hektik.
- Nicht schnell auf den möglichen Gesprächspartner zu gehen.
- Nicht schnell sprechen.
- Sichere Stimme.
- Angenehmer Tonfall. Nicht zu hell und nicht zu dunkel.
- Ihr erstes Wort „Entschuldigung" bringt Sympathie.
- „Siezen" Sie unbekannte Erwachsene.

Darauf achten Deutsche beim Erstkontakt

Frauen und Männer setzen unterschiedliche Prioritäten.

Darauf achten beim ersten Kontakt	Männer	Frauen
Gesicht	58 %	50 %
Kleidung	43 %	44 %
Stimme	37 %	39 %
Geruch	36 %	40 %
Figur	29 %	21 %
Hände	18 %	27 %
Frisur	22 %	18 %
Augenfarbe	18 %	19 %
Gang	15 %	16 %

Erklärung: Auf Gesichter achten 58 % der Männer, jedoch nur 50 % der Frauen.

Ihr ansprechender Blickkontakt

Er ist das Fenster zum Inneren einer Person.

Ein ansprechender Blickkontakt gehört zum Small Talk. Er gilt als Demonstration der Ehrlichkeit und ist immer wichtig, wenn Sie überzeugen oder gut rüberkommen wollen.

Er zeigt

- Aufmerksamkeit,
- Respekt,
- Selbstsicherheit,
- Offenheit.

Es gibt immer Menschen, die Schwierigkeiten mit dem Blickkontakt haben.
Sollte das auf Sie zutreffen, gibt es folgende Lösung: Greifen Sie zu einem einfachen Trick.

Nutzen Sie den Zyklopenblick.
D. h., schauen Sie Ihrem Gegenüber zwischen die Augen auf die Nasenwurzel. Ihr Gesprächspartner wird überzeugt sein, dass Sie ihm in die Augen schauen. Üben Sie dies mit Bekannten. Sie werden überrascht sein. Es klappt.

Dieser kleine Trick ist selbstverständlich unnötig, wenn Ihnen der Blickkontakt keine Schwierigkeiten bereitet.

Sie sollten Ihren potenziellen Gesprächspartner nicht...

- anglotzen,
- angaffen,
- nicht zu lange anstarren,

- mit Blicken durchbohren,
- mit Blicken ausziehen,
- fixieren und
- ihm nicht zu lange in die Augen schauen.

Ideal wäre es, wenn Sie ihn freundlich anschauen. Es wirkt besser, wenn Sie dabei lächeln.

Auch die Dauer des Blickkontakts ist wichtig. Schauen Sie Ihrem Gegenüber ca. acht Sekunden in die Augen. Das ist ein sehr theoretischer Rat.

Praktischer ist: Schauen Sie ihm solange in die Augen, bis Sie eindeutig die Augenfarbe definieren können, also etwa sechs bis neun Sekunden.

Überstrapazieren Sie den Blickkontakt nicht. Zu langer oder ständiger Blickkontakt wird möglicherweise als unangenehm oder sogar bedrohlich empfunden.

Zur Unterbrechung des Blickkontakts sollten Sie folgende Möglichkeiten nutzen:

- Blicken Sie in Augenhöhe am Kopf vorbei.
- Sehen Sie auf den Mund.
- Schauen Sie einen weiteren Gesprächspartner an.

Blicken Sie nicht zur Decke. Das wirkt nicht überzeugend, manchmal sogar arrogant. Ein Blick zum Boden hingegen wirkt nachdenklich. Er ist in Ordnung.

Wenn Sie erkennen wollen, wie Ihr Gesprächsinhalt ankommt, dann sollten Sie die Mundpartie Ihres Gesprächspartners beobachten. Gefühlsregungen erkennt man um den Mund. Dies ist beim Small Talk sehr wichtig.

Small Talk wird durch neue Fragen und Themenänderung weitergeführt. Dabei wissen Sie natürlich nicht, ob dies Ihrem Gegenüber an- oder unangenehm ist.

Sie erkennen am Gesichtsausdruck, dass Sie mit diesem Gesprächswechsel **keinen** Haupttreffer gelandet haben. Jetzt ist Ihrerseits ein Satz angebracht, z.B.: „Entschuldigung, diese Frage ist offensichtlich kein Treffer. Lassen Sie mich eine andere Frage stellen." So entschärfen Sie die Situation.

Danach stellen Sie eine andere Frage, natürlich zu einem anderen Thema.

Distanzzonen, was sie verraten

Sie können sich den Umgang mit neuen Bekannten erheblich erleichtern, wenn Sie gleich zu Beginn des Small Talks erkennen, ob Ihre Small Talk-Partner eher die introvertierte, extrovertierte oder ausgeglichene Gesprächsform schätzen.

Als Hintergrund sollten Sie wissen, dass alle Menschen, introvertierte wie auch extrovertierte Persönlichkeitsanteile in sich tragen.

Wichtig für erfolgreiche Gespräche ist es zu erkennen, welcher Anteil größer ist.

Unterscheiden Sie zwischen...

- **dem mehr Introvertierten:**

Das sind Menschen, die Sie mit **Fakten** und weniger mit Emotionen überzeugen. Diese Gesprächspartner sind eher zugeknöpft. Das Gespräch mit ihnen wird schwierig.

Im Small Talk müssen Sie die führende Rolle übernehmen, das Gespräch weiterführen, neue Themen ansprechen, der aktive Teil sein. Wenn Sie gegenüber einem introvertierten Gesprächspartner vornehmlich mit Emotionen oder Gefühlen operieren, wird das Gespräch scheitern. Für diesen Gesprächspartner zählen Fakten.

- **dem mehr Extrovertierten:**

Diese Personen überzeugen Sie mit **Emotionen, Gefühlen** und weniger mit Fakten. Sie sind aufgeschlossener und kontaktfreudiger. Es sind unkomplizierte Gesprächspartner. Bei ihnen haben Sie eher das Problem, zu Wort zu kommen. Wenn Sie nicht vorsichtig sind, nimmt er Ihnen die Gesprächsführung aus der Hand. Sie erreichen nicht Ihre, sondern seine Ziele.
Bei einem extrovertierten Small Talker argumentieren Sie mit Emotionen und Gefühlen erfolgreich. Das versteht er. Das findet er sympathisch. Es ist seine Sprache.

- **dem ausgeglichenen Gesprächspartner:**

Bei diesem Gesprächspartner können Sie sowohl mit Fakten als auch mit Emotionen punkten. Dabei handelt es sich um unkomplizierte Gesprächspartner. Mit diesem Gesprächstypen werden Sie wenige Probleme haben. Sie können kaum Fehler machen.

Konkret bedeutet dies für alle drei Gesprächstypen:
Sprechen Sie die Sprache Ihres Gegenübers!

Beispiel:

➡ **Introvertiert**

„Unsere Fahrt in den Urlaub betrug 698 km. Einmal mussten wir tanken. Der Sprit kostete 1.54 € pro Liter. Der Espresso am Brenner kostete 1.50 €. Durchschnittlich hat unser Auto 7,5 l pro 100 km verbraucht. Die Mautgebühren betrugen zusammen 75,00 € und nach 8 Stunden kamen wir um 16 Uhr am Ziel an."

Introvertierte Gespräche führt man auch häufig in angespannten Situationen (Kritik, Ärger oder andere Stresssituationen).

So würde eine extrovertierte Person erzählen:

➡ **Extrovertiert – gleicher Urlaub**

„Bei strahlendem Himmel sind wir morgens gegen 8 Uhr losgefahren. Das grüne Inntal hinauf zum Brenner. Einmal haben wir in Italien getankt und einen köstlichen Espresso getrunken. Er roch schon fantastisch. Der Spritverbrauch war normal, der Preis pro Liter günstiger als bei uns. Das Meer schimmerte uns, als wir durch die Seealpen fuhren, blau entgegen. Ein weißes Kreuzfahrtschiff war am Horizont zu sehen. Gegen 18 Uhr sind wir im schönen, abendlichen Alassio angekommen."

Das könnte so weit gehen, als würden zwei Personen unabhängig voneinander vom gemeinsamen Urlaub erzählen, und Sie erstaunt fragen: *„Wart Ihr jetzt gemeinsam im Urlaub oder getrennt?"*

Nutzen Sie Distanzzonen als ersten Hinweis auf Ihre Gesprächsführung zum Small Talk-Erfolg.

Wie ist es beim Small Talk mit Frauen?

Sie haben nicht den gleichen Distanzbedarf wie Männer. Sie stehen etwa 30-50 cm näher.

Wie ist es bei Stress?

Stress erhöht den Distanzbedarf. Das kennen besonders Personen, die unter Lampenfieber leiden oder im sportlichen Wettbewerb stehen. Bei diesen Personen besteht in der Phase des Lampenfiebers ein erhöhter Distanzbedarf.

Folgende Faustregel sollten Sie sich für alle **normalen** Situationen merken:
Wenn Sie Ihr Gegenüber mit Ihrer Hand berühren könnten, dann ist die Person, die diesen Abstand wählt, eher **ausgeglichen.**

Sollten Sie Ihr Gegenüber nicht berühren können, dann ist die Person, die diesen größeren Abstand wählt, eher **introvertiert.** Wobei Sie annehmen können, dass mit zunehmendem Abstand deren introvertierter Anteil steigt.
Wenn der Abstand der gegenüberstehenden Person so ist, dass Ihre Hand deutlich über deren Schulter hinausreichen würde, dann ist die Person, welche die Nähe sucht, eher **extrovertiert.**

Achtung!
Extrovertierten wie introvertierten Small Talkern gelingen nur gute, gemeinsame Gespräche, wenn sich einer der beiden dem anderen anpasst. Logischerweise muss dies derjenige sein, der seine Small Talk-Ziele erreichen will.

Gesprächskreise – der Small Talk-Einstieg

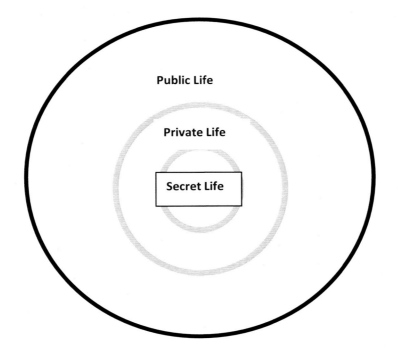

Generell gilt: Je mehr sich die Partner beim Small Talk öffnen, umso leichter fällt das Gespräch. Zusätzlich gewinnen offene Personen eher das Vertrauen vom Gegenüber.

Wer beim Small Talk mauert, errichtet Mauern. Damit blockiert er das Gespräch.

Nun zur Begriffserklärung:

Public Life = öffentlich – d.h. Ihr öffentliches Leben
Es beinhaltet die Themen, über die man offen sprechen kann. Wer bei diesen einfachen Themen mauert, erleichtert das „kleine Gespräch" nicht.

Gute, erfahrene Small Talker öffnen sich. Dann gehen die Themen nicht aus. Mauern Sie nicht bei Themen, die Sie z.b. bei einer Bewerbung für ein öffentliches Amt oder für einen Verein (Stadt- oder Gemeinderat oder Vereinsvorstand) offenlegen müssen.
Geburtsort, Familie, Schulbildung, erlernter und ausgeübter Beruf, Berufsweg, Hobby, derzeitiger und früherer Wohnort, regionale Herkunft, Ehefrau, Kinder, Konfession, Interessantes zur Familie oder Abstammung usw. gehören dazu. Die Themen sind mannigfaltig.
So ergeben sich gute, andauernde Gespräche. Sie vermitteln einen Eindruck von Zuverlässigkeit und Verlässlichkeit.
Je mehr Sie sich öffnen, umso leichter wird es für Ihren Gesprächspartner, gute Fragen zu stellen.

Private Life = teilweise öffentlich
Das sind Themen, über die sie nur mit Personen reden, denen Sie vertrauen. Persönliches, eigene Krankheiten, persönliche Finanzen, Ärger in der Familie, im Beruf, mit Behörden oder der Bank.
Meist geschieht die Abgrenzung schon durch „Duzen" oder „Siezen".

Das „Sie" drückt Distanz aus. Die aufgeführten Themen bespricht man mit Personen, denen man mehr vertraut, mit „Duz-Freunden".

Secret Life = Innenleben

Geheime, sehr vertrauliche Gedanken und Ängste. Das sind die Themen, die man zunächst mit sich selbst klärt und in die man andere Personen, auch nächste Angehörige, noch nicht einbezieht.

Z. B.:

Wie geht es in der Beziehung weiter?

Ängste vor Krankheiten, der finanziellen Situation, der beruflichen Existenz.

Ist eine Veränderung im Beruf angedacht?

Pläne zu einem Wohnortwechsel der Familie.

Alles Punkte, die man für sich klärt, um Argumente zu sammeln, damit man zielgerecht argumentieren kann. Klären Sie Ihre eigenen Ziele. Sammeln Sie für sich unterstützende Argumente. Dann sprechen Sie mit der engsten Familie darüber. Sie können auch einen sehr guten Freund zu Rate ziehen.

Die Small Talk-Themen

Viele meiner Seminarteilnehmer haben Probleme mit den Themen, die sie beim Small Talk ansprechen oder meiden sollten.

Das Thema „Wetter"
Es ist zum **Einstieg** in den Small Talk besser geeignet als sein Ruf. Alle Gesprächspartner können darüber reden.

Als **idealer, kurzer** Gesprächseinstieg ist das Thema „Wetter" bestens geeignet. Es bietet die Möglichkeit für sehr gute Überleitungen zu:

- Reisen
- Reiseerlebnisse
- Sport
- Freizeitaktivitäten
- Filme
- Kultur
- Familie
- Garten
- Haustiere
- Zeitgeschehen

Darüber hinaus gibt es noch eine Reihe weiterer Themen, über die Sie im Zusammenhang mit dem Wetter problemlos sprechen können.

Generell gilt:
Passen Sie das Gesprächsthema, den Gesprächsinhalt dem Niveau Ihrer Gesprächspartner an.

Die willkommenen Themen
Mit den nachstehenden Themen werden Sie zum Small Talk-Meister.
Normalerweise positive Aussagen – hüten Sie sich vor Wertungen oder vorschnellen Urteilen!

Nun die beliebten Themen:
- ☺ Börse
- ☺ Abreise beim letzten Besuch

- ☺ Aktuelle Anreise
- ☺ Essen und Trinken
- ☺ Aktuelle Übernachtung
- ☺ Handy, E-Books, Tablet
- ☺ Sonstiges „Elektrospielzeug"
- ☺ Veröffentlichte Nachrichten aus Firmen
- ☺ Schmuck/Kleidung, Mode, Accessoires
- ☺ Wetterbesonderheiten
- ☺ Freizeitgestaltung allgemein
- ☺ Aktuelle Ereignisse (Zeitung, Radio, Fernsehen)
- ☺ Kunst, Literatur, Filme, Theater, Konzerte, Oper
- ☺ Urlaub, Urlaubseindrücke
- ☺ Feste (Oktoberfest, Fischmarkt u.a.m.)
- ☺ Floh- oder andere Märkte
- ☺ Gemeinsame Bekannte
- ☺ Verwandtschaftliche Beziehungen
- ☺ Sticker oder Pin (diese sind sehr gute Starter)
- ☺ Gleiche oder ähnliche Arbeitsgebiete
- ☺ Die gemeinsame (bzw. unterschiedliche) berufliche Situation
- ☺ Das Gebäude, der Raum, die Veranstaltung
- ☺ Besonderheiten der Umgebung
- ☺ Sehenswürdigkeiten am Ort und in der Region
- ☺ Referenten, Organisatoren, Gastgeber
- ☺ Ehrlich gemeinte Komplimente

Natürlich gibt es situationsbedingt viele weitere Themen.

Sind Sie vorsichtig bei Wertungen und Urteilen jeder Art.

Auch nicht alle CDU-ler finden Frau Merkel sympathisch. Ebenso sind viele US-Amerikaner von Herrn Trump begeistert...

Ideale Einstiegssätze sind:
„Entschuldigung, diesen Pin (oder diesen Sticker) habe ich noch nie gesehen. Bitte verraten Sie mir doch, welche Bedeutung er hat." Gemeint ist eine Anstecknadel am Revers oder Bluse.

„Entschuldigung, Sie tragen eine ausgesprochen geschmackvolle Brosche. Wo kann man etwas in diesem Stil kaufen?"

Die Frage nach dem Preis der Brosche oder einem anderen Gegenstand ist tabu.

So antworten Sie auf eine derartige Frage:
Frage: *„Was hat denn die Brosche gekostet?"*
Wenn Sie dies nicht verraten wollen oder können, verwenden Sie die nachfolgende oder ähnlich formulierte Auskunft:
„Kann ich Ihnen leider nicht sagen, sie war ein Geschenk."
Schon ist das Problem gelöst, ohne jemanden vor den Kopf zu stoßen.

- *„Entschuldigung, was halten Sie von dieser Trockenheit?"*

- *„Entschuldigung, kennen Sie den Referenten? Ich bin heute zum ersten Mal in seinem Seminar."*

- *„Entschuldigung, haben Sie heute in der Zeitung oder im Radio schon den Bericht über ... gelesen oder gehört?"*

- *„Entschuldigung, ich habe soeben gehört, Sie sind in der IT-Branche tätig. In welchem Bereich?"*

Sie sehen, es gibt eine ganze Anzahl Startsätze. Einige vorherige Gedanken über den richtigen Startsatz gehören zu den Erfolgsgaranten.

Meiden Sie Aussagen. Stellen Sie Fragen.

Beispiel – Aussage:

„Die ehrenamtliche Tätigkeit im Sport und Hobbys benötigen doch keine Vergütung."

Bei dieser Aussage werden Sie z.T. massiven Gegenwind erhalten.

Bei der nachstehenden Frage nicht.

Verwenden Sie Fragen. Aussagen können Sie nur in Schwierigkeiten bringen.

Beispiel – Frage:

„Halten Sie es für sinnvoll, wenn ehrenamtliche Tätigkeiten bezahlt werden?"

Der Zyniker George Bernhard Shaw sagte sinngemäß:
„Vermeiden Sie lästige Konversation (gemeint Small Talk) mit Tischdamen, indem Sie verheiratete Damen fragen, warum Sie keine Kinder haben. Unverheiratete wie viele Kinder sie haben."

Die Tabuthemen

Damit sollten Sie nicht unbedingt ein Gespräch beginnen:

- ☹ Krankheit, Tod
- ☹ Persönliche Finanzen
- ☹ Namensbesonderheiten
- ☹ Rassefragen
- ☹ Politik (eingeschränkt)
- ☹ Parteien (eingeschränkt)
- ☹ Religion (eingeschränkt)
- ☹ Anmache jeder Art
- ☹ Keine Angeberei
- ☹ Meiden Sie das Thema Geld
- ☹ Keine Protzerei
- ☹ Keine Besserwisserei
- ☹ Sexuelle Themen
- ☹ Direkte Schuldzuweisungen
- ☹ Kritik an Anwesenden
- ☹ Ethnische Fragen
- ☹ Körperliche Gebrechen oder Besonderheiten
- ☹ Alle Themen, für die normalerweise Honorar bezahlt wird. (Ärzte, Anwälte, Steuerberater u.a.m. können ein leidvolles Lied davon singen.)
- ☹ Die Frage nach dem Preis oder was etwas gekostet hat.

Vermeiden Sie negative Aussagen oder Wertungen.

Wenn Ihr Gegenüber mit einem dieser Themen startet, entscheiden Sie für sich, ob Sie darauf eingehen oder nicht.

Reagieren Sie nicht unfreundlich. Vielleicht ist sich Ihr Gegenüber des Tabuthemas nicht bewusst oder unerfahren. Der richtige Satz bei allen Themen, über die Sie noch nicht sprechen oder meiden wollen, wäre: *„Entschuldigen Sie bitte, aber dieses Thema geht mir derzeit zu weit. Lassen Sie uns lieber über etwas anderes sprechen."*

Oder:

„Tut mir leid, darüber habe ich mir noch keine Gedanken gemacht. Deshalb kann ich mich nicht dazu äußern." Vergessen Sie nicht, bei dieser Ablehnung freundlich zu schauen. Sie möchten das Gespräch ja **nicht** beenden, sondern lediglich dieses Thema derzeit oder nie weiterverfolgen, das Gespräch an sich jedoch weiterführen.

Überzeugen Sie durch Bescheidenheit

Wenn der Begriff **„Statussymbole"** fällt, denken viele Menschen automatisch an

- eine teure Armbanduhr,
- teure Kleidung,
- eine luxuriöse Reise,
- den Besuch von VIP-Events,
- ein großes Auto,
- ein großes Haus,
- eine große, luxuriöse Wohnung,
- oder ein feudales Boot.

Viele Statussymbole sind subtiler.

Etwa:

Sportlichkeit und Jugendlichkeit, Schlankheit, Manieren, Wissen und Allgemeinbildung oder soziales Engagement.
In der Tat: Manieren, Wissen oder Sportlichkeit gelten als Statussymbole. Sie können sogar besonders überzeugend sein und positiv wirken.

Ein Fauxpas ist es, Anstandsregeln als Anlass zu nehmen, um andere Personen bloßzustellen. Dies ist umso schlimmer, wenn der Verursacher es beabsichtigt.

Gute Umgangsformen lassen sich nicht mit Geld erwerben. Ein Designermantel, ein Diamantring oder sogar ein Doktortitel „ehrenhalber" schon.

Die Wirkung von Statussymbolen verpufft, wenn sie bewusst inszeniert werden.

Überlegen Sie:
Millionäre sind mit Ihrer neuen Luxusuhr nicht zu beeindrucken.
Andererseits wird sich wahrscheinlich ein Arbeitsloser über diese „dekadente Geldverschwendung" aufregen.
Neid ist in diesem Fall wahrscheinlicher als Bewunderung.

Prominente, die ihr soziales Handeln in erster Linie für ihre eigenen PR-Kampagnen ausschlachten, sind anderen Menschen suspekt. Dies nimmt in jüngster Zeit stark zu.

Sie werden bemerken: Es gibt Prominente, die ihre Kampagne bei jeder Gelegenheit erwähnen. Andere schweigen darüber. Man kennt ihr Engagement trotzdem. **Angeberei oder Protzen ist eine Charakterschwäche.** Sie werden bemerken, dass sich Bekannte oder Freunde zurückziehen und den Kontakt zu solchen Personen meiden.

Bescheidenheit schafft Freunde

Der amerikanische Schauspieler Woody Allen sagte treffend:

„Manche Menschen bleiben arm,
weil sie alles daransetzen, als reich zu gelten."

Ein ähnliches Paradox gibt es bei den Statussymbolen: Damit erzielen Sie die größte gewünschte Wirkung nur, wenn dies gar nicht Ihre Absicht ist.

Merken Sie sich: Je dezenter und diskreter Ihr Umgang mit Statussymbolen ist, umso besser und wirksamer ist er.

Reden Sie nicht über Geld

Es ist auffällig, dass Wohlhabende sehr wenig über Geld reden. Bei armen Menschen hingegen kreisen die Gespräche sehr oft darum.

Eine alte Weisheit aus dem Orient sagt:

„Lass deine Freunde und Bekannten
deine Vermögensverhältnisse nicht wissen.
Wenn du reich bist, beneiden sie dich,
wenn du arm bist, verlassen sie dich."

Ob reich oder arm: Je weniger Sie über Ihr Vermögen und Ihr Geld reden, desto besser.

Vorsicht vor Besserwisserei

Hüten Sie sich davor, andere zu belehren oder mit Ihrem Wissen übertrumpfen zu wollen. In den meisten Fällen wirkt dies nicht besonders beeindruckend. Nur ein Kleingeist hat es nötig, sich selbst bei jeder sich bietenden Gelegenheit zu profilieren.

Meiden Sie wunde Punkte

Die folgende Geschichte habe ich selbst erlebt.

Die schlanke Frau Müller unterhält sich auf der Geburtstagsfeier mit ihrer Bekannten, Frau Rundlich, die im letzten Jahr deutlich zugenommen hat.

Sie sagt zu ihr:

„Ich trinke im Moment gar keinen Alkohol. Ich habe im Urlaub zwei Pfund zugenommen, da kann ich mir keinen Alkohol mehr erlauben. Schau mich an! Ich muss unbedingt wieder eine Diät machen."

Frau Klotzig schaute betrübt auf die tatsächliche Wespentaille von Frau Müller. Ich konnte mir gut vorstellen, was sie sich soeben dachte. Das Thema bereitete ihr bestimmt keine Freude.

Frau Müller erntet auch nicht die gewünschte Bewunderung. Im Gegenteil: Ihr Verhalten führt dazu, dass Frau Rundlich sich erst recht unwohl und minderwertig fühlte. Man sah ihr die Verärgerung an.

Solche übertriebenen Bekundungen des eigenen Aussehens schrecken ab.

Ob es sich um eine mittelmäßige Schulbildung, ein geringes Einkommen, sportlichen Misserfolg, Kummerspeck oder fehlendes Familienglück handelt: Jeder Mensch hat seine wunden Punkte, die Sie meist nicht schnell erkennen oder erahnen.

Wenn Ihr Status besser sein sollte als der Ihres Gegenübers, schweigen Sie darüber. Legen Sie den Finger nicht in die Wunde des Anderen, ob dick oder schlank, vermögend oder verschuldet, beruflich sehr erfolgreich oder weniger, verheiratet, geschieden oder ledig. Machen Sie sich bewusst, dass solche Kriterien für Sie nicht maßgebend sein dürfen. Dies ist nachweislich die beste Strategie, um sich das Wohlwollen, die Sympathie, sogar die Bewunderung anderer Menschen zu sichern.

Umgehen Sie Fremdwörter und Abkürzungen
Nicht jeder kennt deren korrekte Bedeutung. Ich bin immer wieder überrascht, wie wenig Menschen die Bedeutung HWK (Handwerkskammer) oder IHK (Industrie- und Handelskammer) kennen. Mit **Performanz** (letzter Buchstaben **z**) können die meisten Menschen nichts anfangen. Sehen Sie bei Wikipedia nach. Sie werden von der Bedeutung überrascht sein.
Auch der Ausdruck **Polemik** wird überwiegend falsch ausgelegt. Was meinen Sie, welche Bedeutung er hat? Die korrekte Bedeutung lautet: scharfe Kritik,

unsachlicher Angriff. **Emanzipation** - viele Frauen nutzen diesen Begriff, ohne zu wissen was er bedeutet. Bei Wikipedia können Sie nachschlagen und sich überraschen lassen.

Small Talk im Berufsleben

Small Talk im Berufsleben unterscheidet sich in der Regel bei den Themen sowie den positiven oder negativen Auswirkungen erheblich vom privaten Small Talk.
Normalerweise treffen Sie einige berufliche Small Talk-Partner häufiger als die im privaten Umgang.
Deshalb ist Small Talk im Beruf ein erstklassiger Erfolgsbaustein.
Nehmen Sie das nicht auf die leichte Schulter.
Gesprächsfähige Mitarbeiter sind in und bei allen Hierarchien geschätzt. Nicht die Geschwätzigen.

Vorab eine interessante Ansicht zu diesem Thema:
Ein führender Mitarbeiter einer großen Lebensmittelkette erzählte mir vor einiger Zeit, dass er seine beachtliche Karriere auch auf überlegt eingesetzten Small Talk zurückführt.
Er habe seine Ziele in die beruflichen Small Talks mit seinen Vorgesetzten diskret eingebaut.
Auf meine Frage, was seiner Meinung nach eine der wichtigsten Grundlagen war, antwortete er:

a.   Er wusste, was er im Beruf und in seiner Firma erreichen wollte.

b. Er bereitete sich auf Small Talk-Möglichkeiten im Beruf gründlich vor.

Sicherlich eine der Ausnahmen. Aber sehr erfolgreich.

Im Beruf ist es sinnvoll und der Karriere förderlich, seine Ziele zu kennen und sie situationsgerecht an den Mann (Vorgesetzten) zu bringen. Allerdings sollten diese Ziele realistisch sein und Ihrem Können entsprechen.

Ein vorher durchdachter Small Talk führt zum Erfolg.

Auch im Privatleben.

Auf die Ziele und Technik eines erfolgreichen Small Talks wird im folgenden Kapitel ausführlich eingegangen.

Tipp
„Small Talk im Beruf ist die Voraussetzung
für weitere positive oder negative
Geschäftsbeziehungen.
Natürlich auch für Ihre berufliche Laufbahn."

Dies sind Ihre beruflichen Small Talk-Partner:

✓ Mitarbeiter
✓ Kollegen
✓ Vorgesetzte
✓ Kunden
✓ Lieferanten
✓ Neutrale Personen

Mit diesen Gesprächspartnern können und werden Sie inhaltlich und in der Zielsetzung unterschiedliche Small Talks führen.

Damit dies erfolgreich wird, müssen Sie sich zuerst Ihre realistischen Gesprächsziele, und keine Träumereien, bewusstmachen. Danach gehen Sie Ihren Small Talk gedanklich durch.

Nach aktuellen Befragungen steht Kommunikationsfähigkeit, bei den beruflichen Anforderungen für Führungskräfte an 1. Stelle.

Small Talk-Ziele im Berufsleben
Diese Ziele sind möglich:

➡ Neue Kontakte knüpfen
➡ Hemmschwellen abbauen
➡ Netzwerke aufbauen
➡ Sympathie äußern
➡ Sympathie gewinnen
➡ Positiv auffallen
➡ Sich positiv bekannt machen
➡ Aufmerksamkeit gewinnen
➡ „Soziale Fellpflege"
➡ Informationen weitergeben
➡ Informationen erhalten

Dies sind alles Punkte, die Ihnen bei geschickter Nutzung in der beruflichen Entwicklung weiterhelfen und/oder Ihre Position absichern.

Ich kann mir beruflich keinen Gesprächspartner vorstellen, der im Umgang mit seinem Gegenüber nicht auch solche Ziele hat. Wer sich gut und gründlich vorbereitet wird seine Ziele sicherer durchsetzen.

Nun zu den einzelnen Gruppen:

Mitarbeiter (rangniedriger)

Als Vorgesetzter muss Ihnen an einem guten Betriebsklima gelegen sein. Neueste Untersuchungen bestätigen, dass das Betriebs- oder Abteilungsergebnis unmittelbar vom Betriebsklima abhängt.

Ihr regelmäßiger und angenehmer Small Talk mit Mitarbeitern ist eine der Voraussetzungen für ein gutes Betriebsklima. Dabei umfasst der Small Talk mit dieser Personengruppe den Großteil der oben aufgeführten Ziele.

Kollegen (ranggleich)

Es ist unbestritten, sympathischen Kollegen ist man gerne behilflich. Neue Kollegen, wenn sie sympathisch sind, warnt man rechtzeitig vor den versteckten Fallgruben und Stolpersteinen im betrieblichen Ablauf. Unsympathische lässt man hineinfallen oder stolpern.

Weniger beliebte Kollegen, auch Angeber und Großklotz, erleichtert man den Start nicht. Man schmunzelt, wenn sie über betriebliche Stolpersteine straucheln.

In der Regel haben es unhöfliche, muffelige Neulinge im beruflichen Alltag und im Umgang mit Kollegen schwerer und scheitern häufiger.

Personalberater stellten fest:
Von 1000 Führungskräften
scheiterten
800 an persönlichen Defiziten,
200 an fachlichen Mängeln.

Beachten Sie:
Besonders Ihre ersten Small Talks in einer neuen Firma prägen nachhaltig den ersten Eindruck von Ihnen. Sowohl positiv wie negativ.
Nicht umsonst besagt eine alte Weisheit:
„Für einen ersten Eindruck gibt es keine zweite Chance."
Auch beim Small Talk!

Wenn er missglückt, werden Sie schnell als „Schwätzer" abgestempelt. Meiden Sie jedoch die ersten Gespräche, gelten Sie möglicherweise als „Stockfisch".
Hinterlassen Sie einen guten ersten Eindruck. Dies ist der Grundstein für Ihr erfolgreiches, berufliches Netzwerk.

Tipp
Führen Sie Ihren ersten Small Talk mit neuen Kollegen oder Mitarbeitern über einfache, banale Themen:
Wetter, aktuelle Ereignisse, Sportergebnisse oder die Hobbys Ihres Gesprächspartners.

Vorgesetzte
Sicher kennen Sie diese alte Weisheit:
„Gleich und gleich gesellt sich gern".
Dies trifft auch auf Chefs zu. Jeder Vorgesetzte fördert und befördert gerne Mitarbeiter, die auf gleicher (seiner) Welle liegen. Nutzen Sie diese Tatsache und vermitteln Sie Ihrem Chef durch den Small Talk, dass Sie auf seiner Linie liegen und seine Ansichten und Meinungen teilen.
Er wird es Ihnen danken.

„Achtung": keine Unehrlichkeit. Verstellen Sie sich nicht. Erfahrene Chefs bemerken dies sehr schnell und werden sauer. Folglich wird Ihre Laufbahn häufig für einige Zeit gebremst. Qualifizierte Chefs mögen keine Mitarbeiter, die nach dem Mund reden.

Und noch eine weitere wichtige Weisheit:

„Gehe nie zu Deinem Fürst, wenn Du nicht gerufen wirst."

Das trifft auch auf Small Talk zu. Ideal ist, wenn Ihr Vorgesetzter den Small Talk startet.

Immer wieder ist ein Teil meiner Seminarteilnehmer der Ansicht, dass sie sich nicht verbiegen wollen und vom „schleimen" überhaupt nichts halten. Das kann ich ihnen nur zum Teil bestätigen.

Häufig verwechseln Mitarbeiter den Begriff „schleimen" mit Diplomatie.

Mit „schleimen" fällt man auf die Nase. Diplomatie gewinnt Freunde.

Wenn es Ihnen nicht möglich ist, die Vorgaben und Meinungen Ihres Vorgesetzten zu teilen, wird es für Sie in Ihrem Beruf schwierig. Ich bezweifle, dass sich Ihr Chef Ihnen anpasst.

Tipp
Im Beruf muss Ihre erste Zielsetzung die Erreichung der Firmenziele sein. Danach rangiert die Verwirklichung Ihrer persönlichen Ziele.
Wenn Sie beides aufeinander abstimmen, sind Sie fast unschlagbar.

Erinnern Sie beim Small Talk Ihren Vorgesetzten an Ihre Stärken. Mäßig, aber regelmäßig. Mit zunehmender Betriebszugehörigkeit geraten diese Stärken häufig in Vergessenheit.

Verhalten Sie sich professionell.

Professionalität bedeutet:
Die geschriebenen und ungeschriebenen Regeln, Vorschriften unserer Gesellschaft beruflich und privat zu akzeptieren und anzuwenden.

Kunden

Gewinnen Sie die Sympathie, Achtung und den Respekt Ihrer Kunden. Auch Kunden umgeben sich lieber mit Lieferanten, die diese Eigenschaften besitzen. Mit solchen Personen verhandeln sie bevorzugt.

Ein freundliches Wort, ein höflicher Gruß oder ein netter Small Talk mit jedem Mitarbeiter des Kunden bringt nur Vorteile in der Geschäftsbeziehung. Behandeln Sie dabei alle Kunden und deren Mitarbeiter gleich.

Der heutige kleine Kunde hat sich im Laufe der Jahre schon oft zu einem wichtigen Kunden entwickelt. Der tüchtige AZUBI wird meist schnell Führungskraft.

Großkunden entwickelten sich durchaus negativ. Sie besitzen dann nicht mehr die Bedeutung wie früher.

Ein Azubi kann in einigen Jahren an verantwortlicher Position im Einkauf über Ihr Wohl oder Weh als Lieferant entscheiden.

Prägen Sie sich die nachstehenden Erfahrungen ein:
„Die Sahne von heute
ist der Käse von morgen."
oder:
„Der Käse von heute
war die Sahne von gestern."
Alles befindet sich ständig im Wandel.

Tipp
Small Talk mit derzeit eher unwichtigen Mitarbeitern
des Kunden ist ebenso wichtig, wie der mit ihren Chefs.

Lieferanten
Lieferanten werden unter Druck gesetzt. Der Ton Ihnen
gegenüber ist hart, oft unmenschlich, unfair, brutal und
rüde.
Die Bekenntnisse der Einkäufer zur Partnerschaft mit
Lieferanten sind häufig lediglich Lippenbekenntnisse und
einseitig.
Verhalten Sie sich als Kunde Lieferanten gegenüber
anders, persönlich, freundlich, angenehm. In der Sache
schon hart, jedoch fair, verbindlich, berechenbar und
zielbewusst.
Ein freundlicher, geschäftlicher Small Talk mit privaten
Anteilen mit Lieferanten ist meist immer möglich. In
jedem Gespräch. Es kann auch private Themen enthalten.
Mit diesen Kunden spricht jeder Lieferant gerne.
Viele Außendienstmitarbeiter haben die Möglichkeit zu
punktuellen Rabatten aus ihrem eigenen Konditionstopf.

Auch bei aktuellen, aber begrenzten Aktionen. Diese Konditionen bietet jeder Außendienstler bevorzugt den sympathischen Kunden an.
Zusätzlich sind qualifizierte Außendienstmitarbeiter sehr gut über den Markt, seine Trends und Veränderungen informiert. Wenn Sie sich mit Ihrem Außendienstler gut verstehen, werden Sie von diesem auf wichtige Entwicklungen und Veränderungen hingewiesen. Wollen Sie sich diese Chancen entgehen lassen? **Small Talk lohnt sich.**

Tipp
Nutzen Sie jede Möglichkeit zum Small Talk mit Lieferanten.
Diese werden es Ihnen normalerweise mit wichtigen Informationen und weiteren Vorteilen, auch konditionellen, danken.

Neutrale Personen
Es hat immer genutzt, mit allen mehr oder weniger bekannten Personen, denen man im Berufs- und Privatleben begegnet, freundlich umzugehen. Ein freundlicher Gruß, Namenansprache, beruflich mit Titel und etwas Small Talk kommen gut an.

Mir ist es selbst passiert, dass sich der unscheinbare Mitarbeiter, der im Berufsmantel den Hof kehrte und mit dem ich einige freundliche Worte wechselte, mir danach im Büro des Firmeninhabers als dessen Vater vorgestellt wurde. Es wurde ein gutes Gespräch.

Sie werden erleben, dass die unbekannte Person, mit der Sie im Firmengebäude auf dem Weg zum Kundentermin einen kurzen Small Talk führten, einer der einflussreichen Entscheidungsträger Ihres Kunden ist. Häufig passiert es, dass Sie im Laufe Ihrer beruflichen Karriere viele Personen und Gesprächspartner mehrmals treffen. Aus Azubis werden Führungskräfte. Mit direkten oder indirekten Einflussmöglichkeiten auf Ihren beruflichen Erfolg. Es nutzt immer, wenn die Erinnerung an Sie positiv ist.

Ich erinnere mich an folgendes Erlebnis:
Ich war beim Marktführer der Branche als Tourenleiter tätig. Später wurde ich bis zum Niederlassungsleiter befördert. Eine Kette von Lebensmittelgeschäften im fränkischen Raum hätte ich gerne als Kunden gewonnen. Schon mein Vorgänger hatte mit seinen Bemühungen um den Kunden keinen Erfolg. Eines Tages erfuhr ich, dass diese Firma einen neuen Einkäufer eingestellt hatte. Natürlich vereinbarte ich einen Gesprächstermin. Pünktlich wurde ich vorgelassen. Der Einkäufer kam mir bekannt vor. Ich glaubte, eine Ähnlichkeit mit einem anderen Gesprächspartner feststellen zu können. Nach den einleitenden Worten fragte er mich, ob ich mich an ihn erinnern würde. Wahrheitsgemäß antwortete ich. „Ihr Gesicht kommt mir schon bekannt vor. Ich weiß nicht woher."

Daraufhin gab er mir zu verstehen, dass er vor einigen Jahren als Lehrling in einer anderen Einzelhandelskette tätig war. Er vertrat häufiger den Lagerleiter. Dabei lernte er die unterschiedlichsten Lieferanten kennen. Ich (damals als Tourenleiter ab und zu im Vertretungseinsatz) wäre einer der wenigen Lieferanten gewesen, der ihn immer freundlich und nie herablassend behandelt hätte. Außerdem hätte ich mir, trotz spürbaren Zeitdrucks, Zeit für ein kurzes „Schwätzchen" genommen. Das hätte er sich gemerkt und jetzt freue er sich, mich wiederzusehen. Nun solle ich ihm ein Angebot erstellen. Er werde es prüfen. Dann würden wir weitersehen.

Sie brauchen nur einmal zu raten. Genau! Nach einigen Nachverhandlungen wurden wir uns einig.

So ein Erfolgserlebnis hat man sicherlich nicht jeden Tag. Wenn man **nicht** freundlich **und** gesprächsfähig ist, wahrscheinlich nie.

Tipp
Freundlichkeit in jeder Situation
und ein gestraffter Small Talk
sind die besten Düngemittel
für eine positive Geschäftsbeziehung.

Körpersprache beim Small Talk

Beim beruflichen Small Talk muss Ihre Körpersprache stimmen.
Mimik – Gestik – Körperhaltung – Blickkontakt

Diese vier Punkte müssen im Einklang mit Ihrer Aussage stehen. Ihre verbale Sprache und die nonverbalen Signale (Körpersprache) müssen synchron ablaufen. Stimmen diese Signale überein, gewinnen Sie an Glaubwürdigkeit.

Laufen Sie **nicht** synchron ab, wird ein erfahrener Gesprächspartner misstrauisch und/oder er stempelt Sie als „Trickser" ab. Dann verlieren Ihre weiteren Aussagen an Glaubwürdigkeit, nachfolgende Gespräche werden schwierig.

Ihr Gesprächspartner muss darüber hinaus im beruflichen Small Talk Ihrerseits Respekt und Wertschätzung erkennen.

Nicht nur bei Chefs des Lieferanten oder Kunden, sondern auch bei deren rangniedrigen Mitarbeitern.

Berufliche Small Talk-Themen

Leider wurde der Ratgeber **„Die 30 erfolgreichsten Startsätze für einen erfolgreichen Small Talk"** noch nicht geschrieben. Es wäre ein Bestseller. Meiner Meinung nach wird es nie geschrieben. Die ersten Small Talk-Sätze sind aufgrund der unzähligen Möglichkeiten, Situationen und beteiligten Personen zu variabel und mannigfaltig. Hier ist Ihre Kreativität für jeden Einzelfall gefordert. Das ist gut so. Damit können sich die Leser, welche die Empfehlungen in diesem Ratgeber nutzen und umsetzen, positiv von anderen Personen abheben.

Die beruflichen Small Talk-Themen

Sprechen Sie beim beruflichen Small Talk unkomplizierte, alltägliche Themen an. Empfehlenswert ist dieser Rat, wenn Sie mit Personen, die Sie öfter treffen, „smalltalken". Beim nächsten Zusammentreffen können Sie mit dieser Methode leicht wieder starten. Sie werden erleben, dass sich dabei die Themen wie von selbst vertiefen.

Nun die idealen Themen:

An- und Abreise, Hotel, Restaurants, Wetter, Hobby, Wochenenderlebnisse, Fernseh-, Rundfunk- und Presseberichte, elektronisches Spielzeug, aktuelle Meldungen in allen Medien. Diese wenigen Themen reichen für alle beruflichen Small Talks aus.

Generell gilt: Je mehr Sie über die Vorlieben Ihres Gesprächspartners wissen, umso leichter verläuft der erfolgreiche Gesprächseinstieg.

„Wie war es am Wochenende beim Bergwandern?"

„Was blüht, wächst oder was ernten Sie denn jetzt in Ihrem Garten?"

„Wo ging denn Ihre Radtour am Wochenende hin?"

„Wie ist denn Ihre Meinung zum Fernsehbericht am Samstag über das ... (Thema)?"

„Hat das schlechte Wetter am Wochenende Ihre Freizeitpläne über den Haufen geworfen?"

„Haben Sie den Bericht in der Wirtschaftszeitung über unseren Mitbewerber/unsere Firma/unseren Kunden gelesen? Wie ist denn Ihre Meinung dazu?"

„Wie beurteilen Sie den Wahlausgang?"

„Sie sind doch Imker. Wie wird in diesem Jahr die Honigernte?"

„Vergangene Woche erwähnten Sie, dass Sie am Wochenende nach Südtirol fahren. Welche Strecke sind Sie gefahren?"

Wie meinen Sie, wie stehen die Chancen für den Fußball- oder anderen Sportclub?"

Sport- und Hobbyhemen sind immer gute Starter!

Tipp
Hüten Sie sich beim Small Talk vor voreiligen, positiven oder negativen Aussagen, Beurteilungen oder Wertungen.
Nicht jeder findet den FC Bayern München als tollen Club.
Bei Politiker/Innen gibt es auch in der eigenen Partei unterschiedliche Meinungen zu: Seehofer, Merkel, Schulz oder Trump.

Dies sind nur einige Beispiele der zahllosen, erfolgreichen Möglichkeiten ein Gespräch zu beginnen oder sich positiv in Erinnerung zu bringen.

Erfahrene Small Talker notieren sich nach dem Gespräch mit wichtigen Personen das besprochene Thema. So können Sie beim nächsten Zusammentreffen daran anknüpfen. Das wirkt sehr positiv.

Alte Weisheit:
Aufschreiben ist gut fürs Merken.

Etwa so:

„Bei unserem letzten Gespräch deuteten Sie an, dass Ihr Sohn Geburtstag feiert und eine große Party startet. Wie ist sie gelaufen?"

„Bei meinem letzten Termin deuteten Sie an, dass Sie sich einen Hund kaufen wollen. Hat es geklappt? Welche Rasse ist es denn? Hat er sich schon gut eingewöhnt?"

usw.

Bemerken Sie, welch unerschöpfliche Möglichkeiten sich bieten?

Meine Seminarteilnehmer berichten mir, dass sie mit dieser Methode sehr gut rüberkommen. Ihr Gegenüber interpretiert das als Interesse an seinen Ausführungen.

Bei einigen dieser Fragen können Sie sich vorab darauf einstellen, dass Sie das Gespräch durch zusätzliche Fragen weiterführen müssen. Dies ist in der Regel kein Problem, denn die Antworten Ihres Gesprächspartners sind, weil sehr begrenzt, vorhersehbar. Deshalb überlegen Sie sich Ihre nächsten Fragen anhand der möglichen Antworten und stimmen diese darauf ab.

Vorbereitung ist auch beim Small Talk die Grundlage für Ihren Erfolg.

Sie können damit den Small Talk sicher weiterführen –
unkompliziert und ansprechend. Genannte Beispiele sind ideale Starter für Gespräche mit
allen Personen – beruflich und natürlich auch privat.

Small Talk mit Vorgesetzten

Den Small Talk mit Chefs sollten Sie überlegter einfädeln.
Sie können beim Small Talk mit Vorgesetzten Pluspunkte
sammeln oder sich als Schwätzer disqualifizieren.

Dazu eine kleine Geschichte aus eigener Erfahrung.
*Regelmäßig verbrachte ich mit meiner Familie den
Sommerurlaub an der Riviera. Dabei besuchte ich stets
einige Lebensmittelmärkte und Tankstellenshops in
Italien und Frankreich. Damals war ich in verantwortlicher
Position in einer Lebensmittelgroßhandlung tätig.*
*In Zusammenarbeit mit Mineralölgesellschaften bauten
wir gemeinsam Food- und Non-Food-Märkte in den
Tankstellen auf.*
*Nach meiner Rückkehr aus dem Urlaub berichtete ich
meinem Vorgesetzten nach seiner Small Talk-Frage, wie
es denn im Urlaub war, über meine dabei gewonnenen
Erkenntnisse. Dann erklärte ich ihm, welche Maßnahmen
ich deshalb plane und welche Ziele ich anstrebe.*

Mein Chef war davon sehr angetan.

Was war geschehen? Ich konnte meinem Vorgesetzten
glaubhaft vermitteln, dass ich auch im Urlaub die

Interessen unserer Firma nicht aus den Augen verliere.
So etwas schätzt jeder Vorgesetzte.

Damit Sie dies nicht falsch verstehen: Jene Besuche
wurden aus wirklichem Geschäftsinteresse
vorgenommen. Nie wäre ich auf die Idee gekommen,
meinem Vorgesetzten etwas vorzuspielen. Das hätte er
bemerkt. Seine Menschenkenntnis war außerordentlich
gut.

Trotzdem sollten Sie beim Small Talk mit Ihrem
Vorgesetzten Folgendes beachten:
Probieren Sie nicht, mit hierarchisch deutlich höheren
Führungskräften um jeden Preis zu smalltalken.

Das ist im Umgang mit hohen Hierarchien reiner
Selbstschutz. Wenn Ihr Chef Zeitprobleme hat, in Eile, in
Gedanken oder im Gespräch mit anderen ist, müssen Sie
abwägen, ob Sie ihn ansprechen.
Auch für Vorgesetzte gibt es Personen, die auf sie Druck
ausüben. Wenn Ihr Vorgesetzter ein Profi ist, werden Sie
ihm ein kurz vorheriges unangenehmes Gespräch mit
seinem Chef nicht anmerken. Vielleicht ist er kurz
angebunden oder einsilbig. Wahrscheinlich wird er in
diesen Situationen Ihren Ausführungen nicht sehr
geduldig und aufmerksam zuhören. Ihre Ziele werden Sie
dann nicht erreichen.
Wenn Sie Vorgesetzte öfter in derartigen Situationen
ansprechen, werden Sie sich schnell unbeliebt machen
und evtl. als Störer, Schwätzer oder „unsensibel"

abgestempelt werden. Derartige Mitarbeiter machen
selten Karriere.

Deshalb seien Sie bei der Ansprache Ihrer Vorgesetzten
sensibel! Warten Sie auf eine geeignete Situation.

**Ideal ist es, wenn Ihr Vorgesetzter den Small Talk
startet.**

Darauf müssten Sie gut vorbereitet sein, um diese
Gelegenheit für sich nutzen zu können.

Einer meiner Kollegen beklagte sich einmal bei mir, dass
ihm nichts einfalle, wenn er von unserem gemeinsamen
Vorgesetzten angesprochen wird. Für mich ist das
unverständlich. Denn die Initiative von Seiten des
Vorgesetzten ist die optimalste Situation zur Vermittlung
eigener Ziele.

Wann spricht Sie Ihr Chef an? Meist dann, wenn er Zeit
hat und sich für Sie interessiert. Beides sind beste
Voraussetzungen für Small Talk und die Vermittlung Ihrer
Ziele.

Stellen Sie sich vor, Sie sind in dieser Situation mehrmals
nicht gesprächsfähig. Welchen Eindruck gewinnt Ihr Chef
von Ihnen? Mit Sicherheit den eines **nicht**
gesprächsfähigen oder unterhaltsamen Mitarbeiters.
Wahrscheinlich auch, dass Sie nicht besonders
kommunikativ sind. Da der Großteil der Aufgaben einer
Führungskraft die Kommunikation ist, wird dieser
Eindruck Ihren Aufstieg in der Firma eher bremsen.
Deshalb:

Auch der vermeintlich seichte Small Talk will im Berufsleben gut vorbereitet und durchdacht sein. Überlegen Sie sich rechtzeitig, was und eventuell mit welchem Ziel Sie etwas erzählen wollen. Übersehen Sie keinesfalls eine gute Begründung für Ihre Ausführungen. So schaffen Sie optimale Voraussetzungen, wenn Sie von Ihrem Vorgesetzten angesprochen werden.

Wenn möglich, beziehen Sie seine Ziele in Ihren Small Talk ein. Wie können Sie diese unterstützen? Darüber sprechen Sie. Das hört er gerne.

Wann glauben Sie, hört Ihnen Ihr Chef interessierter zu? Wenn Sie Themen ansprechen, die ihn interessieren und seine Position stärken? Glauben Sie mir: Ihre eigenen Ziele interessieren ihn nur in zweiter Linie.

Es ist unbestritten: Menschen, mit denen gute Gespräche geführt werden, wirken sympathisch. Mit diesen umgibt man sich gerne.

Deshalb sprechen Sie über Themen, die **ihm** wichtig sind. Stellen Sie weiterführende Fragen. So bleiben Sie im Gespräch.

Geschlossene Fragen sind dazu weniger geeignet.

Nicht:

„Ich habe gehört, Sie spielen Golf?"
„Kennen Sie den Golfplatz in ...?"
„Haben Sie ein Handicap?"
„Haben Sie schon mal in ... Golf gespielt?"
Sondern:

„Erklären Sie mir doch bitte, wie das mit dem Handicap beim Golf ist?"

„Warum sagt man, dass beim Golfen bessere und schwächere Spieler gut zusammenspielen können?"

„Welche Gründe sprechen dafür, dass Golf Breitensport wird?"

„Wie ist das mit dem Brutto- oder Nettoergebnis?"

Die meisten W-Fragen sind für ein Gespräch gut geeignet. Sie beinhalten die Möglichkeit, das Gespräch aufgrund der Antworten völlig unkompliziert weiterzuführen.

Die Themen für den Small Talk mit Vorgesetzten beziehen sich nicht nur auf die Freizeit.

Chefs denken gewinn- und kostenbewusst, bzw. umsatzorientiert. Deshalb sollten Sie beim Small Talk über diese Themen sprechen. Andererseits ist dieses Thema für einen umsatzorientierten Vorgesetzten weniger interessant. Dieser interessiert sich sicherlich mehr für Möglichkeiten der Umsatzsteigerung.

Ihr Sicherheitsingenieur dagegen wird sich mehr für Sicherheitsfragen interessieren. Berichten Sie ihm, welche Beobachtungen Sie dazu anderweitig gemacht haben. Dies wird ihn mehr interessieren als Umsatzmöglichkeiten oder Kosteneinsparung.

Sie bemerken sicher, dass sich die Grenzen zwischen einem lockeren Small Talk und einem Fachgespräch verwischen.

Das macht einen guten Small Talk aus.

Wenn nach den berufsbezogenen Themen noch Gelegenheit für Privates ist, nur zu. Sprechen Sie es an.

Empfehlung

Jeder Angler kennt den Spruch:

„Der Wurm muss dem Fisch schmecken und nicht dem Angler."

Für den Small Talker bedeutet dies:
Aussagen und Fragen müssen den Gesprächspartner interessieren. So geht der Small Talk erfolgreich weiter.

Egal, welches Thema Sie wählen. Zuerst müssen Sie wissen, ob es Ihren Vorgesetzten überhaupt interessiert oder für ihn wichtig ist. Das sollten Sie vordringlich herausfinden.

Überlegen Sie sich vorher, wie Sie bei diesem Small Talk vorgehen wollen. Was sind Ihre Ziele, was möchten Sie erreichen?

Wenn Sie diesen Rat befolgen, werden Sie erfolgreiche Small Talks führen und zusätzlich Ihre Karriere kräftig anschieben.

Tipp
Informieren Sie sich über die Hobbys und betrieblichen Zielsetzungen Ihrer Vorgesetzten. Beides sind sehr gute Ansatzpunkte für erfolgreichen Small Talk.

Zur Wiederholung, weil sehr wichtig:

Lassen Sie dezent eigene Ziele einfließen.

Damit Sie Ihre eigenen Ziele einfließen lassen können, müssen Sie diese kennen.

Ich stelle immer wieder fest, dass dies bei vielen Seminarteilnehmern nicht der Fall ist. Sie wissen nicht, was sie in der Zukunft beruflich und privat erreichen wollen. Auch fehlen meist zeitliche Pläne. Es ist zum Beispiel nicht von Nachteil, wenn Sie Ihrem Vorgesetzten vermitteln, dass Sie innerhalb der Firma weiterführende Ziele haben. Besonders, wenn Sie begründen können, welche Vorteile damit für die Firma verbunden sind und weshalb Sie qualifiziert sind.

Es wird Ihrer beruflichen Entwicklung nutzen, wenn Sie erzählen, dass Ihre Fremdsprachenkenntnisse besser sind, als Sie dachten. Beweisen Sie es durch ein kurzes Beispiel. Weisen Sie unaufdringlich, aber bemerkbar auf Ihre Fähigkeiten hin.

Eigene Weiterbildungsmaßnahmen oder in einer Bewerbung aufgeführte Kenntnisse und Fähigkeiten geraten in vielen Betrieben mit zunehmender Betriebszugehörigkeit in Vergessenheit. Ihre Person steckt in Ihrem Betrieb in einer Schublade. Befreien Sie sich daraus, indem Sie auf Ihre Fähigkeiten, Stärken und den damit verbundenen Firmennutzen hinweisen.

Gehen Sie bedachtsam vor. Lassen Sie Ihre Stärken regelmäßig dezent ins Gespräch einfließen. Verwenden Sie dazu eine abwechslungsreiche Argumentation.

Die Weisheit:

„Bescheidenheit ist eine Zier, doch weiter kommt man ohne ihr."

hat ihre Berechtigung.

Betonen Sie Ihre Talente und Fähigkeiten nicht aufdringlich, sondern dezent.

Tipp

Werden Sie sich über Ihre realistischen beruflichen und privaten Zielsetzungen klar und bringen Sie diese miteinander in Einklang. Sprechen Sie bei passender Gelegenheit mit anderen, Ihnen nahestehenden Menschen darüber. Damit setzen Sie sich unter Zugzwang.

Small Talk – die „soziale Fellpflege für Mitarbeiter"

Viele Vorgesetzte vernachlässigen diese kleinen persönlichen Gespräche mit Ihren Mitarbeitern. Einige Worte oder Fragen zur privaten Situation von Mitarbeitern werden sehr geschätzt, wenn sie mit wirklichem Interesse erfragt werden.

Notieren Sie sich die Auskünfte über die Familie des Mitarbeiters und fragen Sie im zeitlichen Abstand nach. Sie werden staunen, welche positiven Auswirkungen diese zielgerichteten Fragen auf Ihr persönliches Image und die Zusammenarbeit haben.

Meiden Sie beim Small Talk Klatsch und Intrigen

Viele Vorgesetzte handeln nach der alten Weisheit: *„Ich liebe den Verrat, aber nicht den Verräter."*

Deshalb meiden Sie beim Small Talk Klatsch und Tratsch. Vermutlich werden Sie früher oder später nach Ihrer Meinung zu einem betrieblichen Klatsch- oder Tratschthema gefragt. Sie sollten dann dem Frager freundlich zu verstehen geben, dass man alle Seiten hören muss, weil es sonst unmöglich ist, eine faire Meinung zu äußern.

Es kann auch jederzeit passieren, dass Sie gefragt werden, ob Sie schon von diesem oder jenem betrieblichen Tratsch gehört haben.

In diesem Fall sollten Sie Ihrem Gesprächspartner zu verstehen geben, dass Sie an Klatsch oder Tratsch nicht interessiert sind.

So sehr gelegentlich die Versuchung lockt, intrigieren Sie nicht. Es ist eine der größten Gefahren für Ihre berufliche Zukunft. Erfahrungsgemäß sind die damit erzielten Vorteile nur kurzfristig. Sie werden früher oder später von Ihnen teuer bezahlt. Intriganten sind in keiner Firma beliebt. Vorgesetzte trennen sich von solchen Mitarbeitern meist sehr schnell. Eine „zweite Chance" ist hier nicht üblich.

Tipp
Meiden Sie Klatsch, Tratsch oder Intrigen beim Small Talk und in anderen Gesprächen.

Es ist erstaunlich, wie viele Menschen in ihrem Beruf über ihr intimstes Privatleben, über private Krisen sprechen. Frauen neigen dazu mehr als Männer. Wahrscheinlich ist dies ein Zeichen für mangelnde, vertrauensvolle Gesprächsmöglichkeiten an anderer Stelle. Es kann auch Geltungsbedürfnis sein.

Immer wieder erzählen mir Seminarteilnehmer, wie bitter sie nach solchen Vertrauensseligkeiten enttäuscht wurden und dafür teuer bezahlt haben. Statt Diskretion wurden ihre vertraulichen Erzählungen weitererzählt. Meist wird jede von Ihnen geschilderte Situation bei allen Weitererzählungen aufgebauscht oder verdreht. Deshalb schweigen Sie. Verlassen Sie sich nicht auf das Versprechen der Diskretion. Meist sind Sie dann verlassen.

Die meisten vertraulichen Informationen werden erzählt, um dem Zuhörer zu zeigen, dass man ihm vertraut.

„Ich wollte meinem Gesprächspartner damit zeigen, wie sehr ich ihm vertraue, wenn ich diese Geschichte erzähle." Dies ist häufig das Argument, wenn man nachfragt. Doch die Lebenserfahrung spiegelt diese Aussage nicht wider.

Das Problem besteht darin: Genau aus dem gleichen Grund wird die Information dann immer wieder weitergegeben.

Deshalb:

Vertrauliche private Informationen, z. B. Partnerschaftsstress, Ärger in der Familie, finanzielle Probleme sind keine Themen für Small Talk. Schon gar nicht am Arbeitsplatz.

Hüten Sie sich beim beruflichen Small Talk auch vor Aussagen, die Zweifel an Ihrer Gesundheit und damit an Ihrer Leistungsfähigkeit aufkommen lassen.

Willkommene berufliche Themen

Bevorzugen Sie neutrale, positive Aussagen. Keine Wertungen. Es sind mit Ausnahmen die gleichen Themen wie im privaten Bereich:

- Konjunktur
- Sportergebnisse
- Die Abreise nach dem letzten Besuch
- Die aktuelle Anreise
- Übernachtungsmöglichkeiten am Ort
- Restaurants mit ihren Besonderheiten
- Essen und Trinken
- Aktuelle Nachrichten aus Firmen
- Wetterbesonderheiten
- Aktuelle Ereignisse (Zeitung, Radio, Fernsehen)
- Urlaub, Urlaubseindrücke, Urlaubserlebnisse
- Gemeinsame Bekannte
- Sticker oder Pin (dies sind sichere Starter)
- Gleiche oder ähnliche Arbeitsgebiete
- Die gemeinsame berufliche Situation
- Der gleiche oder ähnliche Werdegang
- Die gleiche Schul- oder Ausbildung
- Das Gebäude, der Raum, die Veranstaltung
- Feste (z. B.: Oktoberfest, Fisch- oder Flohmarkt)
- Besonderheiten der Umgebung

- Sehenswürdigkeiten am Ort
- Ehrlich gemeinte Komplimente
- Das neue Handy oder Tablet, sonstiges E-Spielzeug

Beruflich können Sie unbesorgt über alle veröffentlichten Firmeninterna sprechen.

Die beruflichen Tabuthemen

Damit sollten Sie kein Gespräch beginnen:
- Vertrauliche Fragen zu Firmeninterna
- Krankheiten
- Religion
- Politik (eingeschränkt)
- Namensbesonderheiten
- Körperliche Besonderheiten (z.B. Hinken)
- Sex, Anmache, Zweideutiges
- Persönliche finanzielle Fragen
- Direkte Schuldzuweisungen
- Negative Aussagen oder Wertungen
- Kritik an anderen Gästen
- Themen, für die sonst Honorar bezahlt wird

Hüten Sie sich vor Themen, wie z.B. noch nicht veröffentlichte Firmeninternas. Auch wenn unter Insidern bereits darüber gesprochen wird.

Die willkommenen Themen – auch die Tabus – gelten im beruflichen Umfeld für Gastgeber und Gast.

Als Mitarbeiter, der Besucher betreut, sind Sie besonders gefordert. Sprechen Sie über Fakten und alles, was veröffentlicht ist.

Wenn Sie sich unsicher sind, ob Sie bestimmte Fragen beantworten dürfen oder sollen, dann hilft meist ein Satz wie:

„Das kann ich Ihnen nicht beantworten, hier bin ich nicht informiert."

Oder:

„Habe ich noch nicht gehört. Dazu kann ich nichts sagen."

Wenn Sie deutlich werden müssen, weil Ihr Gesprächspartner nachbohrt, ist folgender Satz angebracht:

„Ich hoffe, Sie wollen mich nicht in Schwierigkeiten bringen. Wenn ich Ihnen dazu Auskunft gebe, werde ich welche bekommen."

Sobald Sie Ihren Begleiter in den Besprechungsraum gebracht haben, bieten Sie ihm - wenn üblich - ein Getränk an und verabschieden sich mit diesen oder ähnlichen Worten:

„Gedulden Sie sich bitte noch einen Moment. Ich muss noch einige Unterlagen vorbereiten. Schauen Sie sich doch bitte unsere bereitliegende Firmenzeitschrift oder die aktuellen Tageszeitungen an. Ihr Gesprächspartner kommt in Kürze."

Denken Sie daran: Sie sind nicht für die Unterhaltung der Gäste verantwortlich.

Sie dürfen nicht den Eindruck vermitteln, dass

- es Ihnen an Aufgaben mangelt,
- Sie nicht verschwiegen,
- oder ein Schwätzer sind.

Führen Sie deshalb den Small Talk mit Besuchern verbindlich, freundlich – kurz und bündig.

Zusammenfassung

Small Talk im Beruf unterscheidet sich im Hinblick auf die Themen in einigen wenigen Inhalten vom privaten Small Talk. Diese sind beispielsweise berufliche Ziele und Erfolge.
Die möglichen Small Talk-Partner im Beruf sind:

1. **Mitarbeiter, Kollegen, Vorgesetzte, Kunden, Lieferanten und neutrale Personen.**

3. **Klären Sie Ihre berufliche Zielsetzung im Small Talk.**

4. **Ihre verbale und nonverbale Körpersprache muss synchron laufen.**

5. **Bleiben Sie bei der Wahrheit.**

6. **Wer die Unwahrheit sagt, benötigt ein sehr gutes Gedächtnis.**

7. **Banale Themen sind ideal.**

8. **Guter Small Talk mit dem Chef ist eine wichtige Karrierevoraussetzung.**

9. **Vorgesetzte nicht um jeden Preis ansprechen.**

10. **Ideal ist, wenn Ihr Chef Sie anspricht.**

11. **Verbinden Sie seine Interessen mit Ihren Zielen.**

12. **Verinnerlichen Sie Ihre beruflichen und privaten Ziele.**

13. **Meiden Sie Klatsch, Tratsch und Intrigen.**

14. **Vermeiden Sie Themen wie Partnerschaftsstress und Krankheiten.**

15. **Entwickeln Sie ein Gespür dafür, wann Sie den Small Talk beenden sollten.**

Beachten Sie diese Punkte. Damit legen Sie die Grundsteine für Ihren beruflichen Erfolg.

Damit Ihr Small Talk nicht wie ein Verhör wirkt

Immer wieder klagen Seminarteilnehmer, dass sie sich beim Small Talk wie in einem Verhör vorkommen. Damit Ihre Gesprächspartner diesen Eindruck nicht gewinnen, nutzen Sie den folgenden Tipp. Beantworten Sie Fragen, die Sie stellen wollen, in der Fragestellung gleich für sich.

Das können Sie so formulieren:

„Ich bin in Oberfranken geboren. Wo wurden Sie geboren?"

„Ich fahre einen Audi. Welche Marke fahren Sie?"

„Ich bin jetzt seit über 20 Jahren selbstständig. Und Sie?"

„Vergangenes Jahr waren wir in Budapest im Urlaub. Wo waren Sie?"

„Mein erlernter Beruf ist Maler. Welchen Beruf haben Sie erlernt?"

Wenn Sie zuerst die Situation, die Sie erfragen wollen, für sich schildern und danach eine entsprechende Frage anhängen, erhält niemand den Eindruck, dass der Informationsfluss einseitig ist und einem Verhör gleicht.

Wichtig
Vertrauen ist keine Einbahnstraße. Zuerst öffnen Sie sich zu einem Thema. Dann fragen Sie dazu nach. Wenn Sie diesen Vorschlag beachten, treten Sie weniger in Fettnäpfchen. Man empfindet Sie als vertrauenswürdigen Gesprächspartner.

Ihr Verhalten bei konträrer Ansicht

Sie teilen die Meinung Ihres Small Talk-Partners nicht? Dann nutzen Sie diesen Tipp! **Verwenden Sie Worte wie „interessant" oder „bemerkenswert".**

Wenn ein Fernsehkoch mit einem Gast kochte und das Gericht des Gastes nicht nach seinem Geschmack war, verwendete er das Wort „interessant".

„Interessant" und „bemerkenswert" besitzen eine positive, keine negative Zuordnung.

Deshalb verwendet man sie situativ, um sich vor einer ablehnenden negativen Antwort zu drücken.

„Das ist eine interessante Ansicht, habe ich so noch nicht gesehen. Es lohnt sich bestimmt, sich darüber Gedanken zu machen."

„Ein bemerkenswerter Gedanke. Muss ich mir merken."

Mit diesen Entgegnungen zerschlagen Sie kein Porzellan. Trotzdem beziehen Sie keine eindeutige Stellung. Damit gehen Sie Schwierigkeiten aus dem Weg und stoßen niemanden vor den Kopf.

Wohlgemerkt, wenn Sie Ihre Meinung sagen können, ohne Schaden anzurichten: nur zu.

Aussagen sind gefährlicher als Fragen

Stellen Sie sich folgende Situation vor:
Ein neuer Bekannter fragt Sie nach seiner Stellungnahme zu Ihrer Meinung.
Sie sind anderer Meinung, möchten jedoch keine Barriere zwischen Ihnen aufbauen. Trotzdem wollen Sie Ihren Standpunkt vermitteln, ohne erkennen zu geben, dass dies Ihre Meinung ist.
Es gibt eine diplomatische Möglichkeit.
Legen Sie heikle Aussagen anderen Personen in den Mund, oder verwenden Sie andere Quellen (Medien).

Antworten Sie beispielsweise so:
Zu diesem Punkt habe ich, wenn ich mich recht erinnere, vor einiger Zeit...

- *in einer Illustrierten gelesen,*
- *etwas in einem Radiobericht gehör,*
- *etwas in einer Fernsehsendung gesehen,*
- *etwas von... gehört.*

Formulieren können Sie auch: *„Zu jeder These gibt es eine Antithese. Wenn wir jetzt die Synthese finden, treten wir niemandem zu nahe."*

So können Sie Ihre gegenteilige Meinung einbringen. Sie widersprechen nicht direkt.
Auch hier gilt: Wenn Sie Ihre Meinung klar ausdrücken können, machen Sie das.

**Ein gelungener Small Talk verbindet
leichte mit schwierigeren Themen
zu einem guten Gespräch.**

So werden Sie Profi-Small Talker

- **Regelmäßig lesen, Nachrichten hören und/oder
  sehen, ebenso Dokusendungen**

Halten Sie sich auf dem Laufenden. So können Sie
mitreden oder kompetente Fragen stellen.
Personen, die zu unterschiedlichen Themen Fundiertes
beitragen, sind interessante Gesprächspartner.

- **Interessante Hobbys pflegen**

Wer von seinem Hobby begeistert ist, kann auch
begeisternd darüber erzählen.
Andere Personen sind davon gefesselt. In einem meiner
Seminare erzählte ein Teilnehmer sehr spannend von
seinem Hobby, dem „Fliegenfischen". Ein anderer
informierte uns über „Jagdbogenschießen". Beide waren
begeistert und steckten die anderen Teilnehmer an. Zu
beiden Themen wurde interessiert nachgefragt.

- **Ihre positive Grundeinstellung zum Gespräch**

Wer denkt, dass er nichts Interessantes zu erzählen hat,
wird sich sehr zurückhaltend verhalten. Er traut sich nicht
und programmiert sich selbst negativ.
Die „selbst erfüllende Prophezeiung" schlägt zu.

Er übernimmt die Rolle des „Mauerblümchens."

- **Gute, situative Umgangsformen**

Man spricht lieber mit Menschen, die sich vernünftig benehmen können. Ungehobelte Personen, die sich wie die „Axt im Wald" aufführen, werden gemieden. Legen Sie Wert auf situationsgerechte Manieren.

Das bedeutet: Sie müssen sich in gehobenen Kreisen anders benehmen können als in Einfacheren.

Beachten Sie:
Ein sozialer Aufstieg bedeutet in eine höhere Gesellschaftsschicht aufzusteigen.
Beruflicher Aufstieg erfolgt normalerweise aus niedriger in eine höhere Hierarchie.
Wem es nicht gelingt, sich dort schnell anzupassen
- **mit seiner Kleidung,**
- **mit seiner Ausdrucksweise,**
- **mit seiner Körpersprache,**
- **mit seinen Umgangsformen,**
- **mit dem Besuch anderer kultureller Ereignisse,**
- **mit dem Eintritt in neue Clubs und Vereine**

bekommt schnell Probleme.

- **Zuhören können**

Signalisieren Sie auch mit Ihrer Körpersprache, dass Sie zuhören.

Blickkontakt, Fragen stellen, den Kopf schräg halten, nicken und spiegeln gehören dazu.

Spiegeln bedeutet, mit anderen Worten die Aussage Ihres Gegenübers zu wiederholen.

- **Geschlossene Fragen meiden**

Stellen Sie offene und umgehen Sie geschlossene Fragen.

Nicht:

„Sind Sie mit dem PKW da?" Antwort: *„Ja."*

„Haben Sie hier schon häufiger eingekauft?" Antwort: *„Nein."*

Auf solche Fragen erhalten Sie einsilbige Antworten, manchmal auch nur ein „Ja" oder ein „Nein".

So wird die Fortsetzung des Gesprächs schwierig.

Besser:

„Wie sind Sie denn hierhergekommen?"

„Weshalb bevorzugen Sie dieses Geschäft?"

Normalerweise wird darauf nicht einsilbig oder nur mit einem Wort geantwortet.

Durch eine ausführlichere Antwort können Sie leichter Anschlussfragen stellen oder mit eigenen Erfahrungen glänzen. Auf jeden Fall geht das Gespräch leichter weiter.

Tipp

Wird Ihnen eine geschlossene Frage gestellt, verhalten Sie sich wie geschulte Politiker in Interviews.

Geben Sie eine ausführliche Antwort, statt nur mit „Ja" oder „Nein" zu antworten.

So kann Ihr Small Talk-Partner den Gesprächsfaden weiterspinnen und es ergibt sich kein peinliches Anschweigen.

Fazit
Nirgendwo steht geschrieben, dass Sie auf eine geschlossene Frage nicht offen antworten dürfen!

- **Stellen Sie sich auf Ihr Gegenüber ein**

Kein Interesse heucheln, das merkt Ihr Gegenüber. Echtes Interesse kommt immer gut an. Jeder Mensch hat eine interessante Geschichte zu erzählen. Sie müssen diese nur aus Ihrem Gegenüber herauskitzeln.

- **Humor als Würzmittel**

Der Unterschied zwischen Witz und Humor ist:
Bei einem **Witz** lacht man über andere Personen. Damit schaffen Sie sich wenig Freunde.
Mit **Humor** nimmt man sich selbst auf die Schippe. Das ist die geeignetere Methode beim Small Talk.

Auch wichtig!
Allgemeinbildung hat beim Small Talk noch nie gestört!

Small Talk mit älteren Menschen

Dabei beachten Sie folgendes:

- **Lippen sehen**

Ältere Personen lesen mit zunehmendem Alter unbewusst von den Lippen ab.
Ab etwa dem 40. Lebensjahr lässt das Gehör der Menschen unmerklich nach. Unser Körper versucht dies auszugleichen und lernt, von den Lippen abzulesen. Er wird dabei immer perfekter.

Unser deutsches Alphabet umfasst 26 Buchstaben, dabei kann man 12-14 Buchstaben an der Lippenstellung ablesen. Dies auch beim Dialekt.

„Jetzt kommen die Nachrichten, ich muss meine Brille aufsetzen."

„Wenn ich meine Brille nicht aufsetze, dann höre ich schlechter."

Kennen Sie solche oder ähnliche Sätze? Sie beruhen auf dem vorstehenden Punkt.

Deshalb sollten ältere Personen beim Gespräch Ihr Gesicht und damit Ihre Lippenkonturen sehen können. Denken Sie darüber nach. Welcher der Nachrichtensprecher trägt einen Bart, der seine Lippen bedeckt. Man muss sie verstehen.

Welche Spitzenpolitiker tragen einen Bart und wer von den Wirtschaftsbossen?

Natürlich gibt es einige Ausnahmen. Sonst gäbe es keine Regel.

Wenn die vorgenannten öffentlichen Personen gute Berater haben, raten ihnen diese, den Bart abzurasieren. Denn für sie ist es wichtig, dass sie auch von älteren Personen verstanden werden. Wenn Sie diesen Rat ablehnen, sollten Sie sich zumindest so rasieren, dass die Lippenkonturen deutlich erkannt werden.

Einige Beispiele von Personen, die ihren Bart abrasiert haben: Rudolf Scharping, Jürgen Trittin, Waldemar Hartmann, Peter Klöppel.

Ein Beispiel für sauber ausrasierte Lippenkonturen: Wolfgang Reitzle. Ein Beispiel für eine Person, die im Beruf einen herausragenden Ruf genießt und fast als Genie gilt: Dieter Zetsche. Er trägt einen Bart. Es ist sein Wahrzeichen.

Außerdem geben etwa zwei Drittel der befragten Deutschen an, dass sie Bartträger nicht für authentisch halten, bzw. diese etwas verbergen wollen. Diese Befragungen wurden anonym durchgeführt.

Zusatzinformation

In Deutschland gibt es bekannte, große Firmen, die laut interner Anweisung keine Bartträger einstellen dürfen. In diesen Firmen sind bereits Bewerbungsfotos mit Bart ein k.o.-Kriterium.

Für den Small Talk bedeutet dies, dass eine überwiegende Anzahl von möglichen Small Talk-Partnern Bartträgern ablehnend gegenüberstehen. Im Gespräch werden Sie nicht dazustehen.

Das bedeutet, auf Ihrem Foto in den Bewerbungsunterlagen sind Sie ohne Bart fotografiert. Erscheinen Sie aber zum Bewerbungsgespräch mit Bart, dann hat sich das Gespräch meist erledigt.

Das Schlimme an dieser Tatsache ist, dass man Sie darüber nicht informiert. Wenn Ihr potentieller Arbeitgeber dies Ihnen sagen würde, bekäme er unter Umständen Ärger mit dem Antidiskriminierungsgesetz.

Außerdem:

- **Sprechen Sie lauter**

Etwa sechs bis acht Jahre dauert es, bis ältere Menschen zum Ohrenarzt gehen, um ihre Hörfähigkeit überprüfen zu lassen.

Davor klagen sie, dass andere Personen zu leise oder undeutlich sprechen. Im Theater scheint es, dass die Schauspieler auch nicht mehr so laut wie früher sprechen. Das Gleiche bei Oper und Operette. Tatsächlich hören sie schlechter.

Gewöhnen Sie es sich im Umgang mit älteren Personen an, etwas lauter zu sprechen. Nicht schreien!

Small Talk – weitere Vorteile

- **schafft Verbindungen**

Verbindungen sind unerlässlich im Beruf, Privatleben und bei Hobbys. Small Talk stellt sie her. Wichtig sind Verbindungen auch, wenn sich privat neue Bekanntschaften ergeben. Besonders dann, wenn Wohnort oder Arbeitsstelle gewechselt werden.

- **knüpft Kontakte zu Fremden**

Small Talk ist wichtig im Urlaub oder auf Veranstaltungen (Events) jeder Art. Sie können alleine in der Ecke stehen und darauf warten, dass andere Menschen Sie ansprechen oder selbst die Initiative ergreifen.

- **unterstützt Gespräche zwischen Bekannten**

Sie kennen die Situation: Man trifft sich mit guten Bekannten zu einem Kaffee und führt dabei einen netten Small Talk.

Sie sprechen dabei über vergangene Themen oder über deren Weiterentwicklung. So versichert man sich gegenseitig subjektiv seiner Sympathie und Zuneigung. „Soziale Fellpflege" ist dafür ein treffender Ausdruck.

Menschen drücken Ihre Zuneigung auch mit einem guten Small Talk aus.

- **ist der Test zwischen Unbekannten, ob ein tiefer gehendes, ernsteres Gespräch sinnvoll ist**

Sie lernen fremde Personen kennen. Klären Sie mithilfe eines Small Talks, ob gemeinsame Interessen bestehen. Dazu ist der Small Talk bestens geeignet. Wenn schon das kleine Gespräch nicht klappt, lassen sie sich auf keine umstrittenen Themen ein. Diese werden bestimmt nicht erfolgreich sein.

- **ist der ideale Einstieg in ernste Gespräche**

Nicht zu glauben: Small Talk ist für jedes ernste Gespräch das positiv enden soll, als Starter zu empfehlen.

Beispielsweise für:

- Vorstellungsgespräche,
- Kritikgespräche,
- schwierige Verhandlungen.

Diese sollten Sie mit einem überlegten Small Talk beginnen.

Je schwieriger, je ernster ein Thema, umso wichtiger ist ein guter Small Talk davor.

- **ist die Rahmenhandlung für alle Gespräche**

Die meisten erfolgreichen Gespräch leben von und mit einem guten Small Talk. Dabei wechselt man zwischen ernsten und seichten Themen. Es ist normal, dass sich dabei die Grenzen zwischen dem lockeren Small Talk und ersten Gesprächsinhalt verschieben.

So sprechen Sie Gruppen an

➡ **Prüfen Sie, ob die Gruppe noch Platz für eine weitere Person hat**

Wenn nicht, bringt auch Ihr geschultester Versuch der Kontaktaufnahme nichts. Er wird erfolglos enden.

➡ **Gruppenformation**

Häufig signalisiert eine Gruppe bereits durch die Art ihrer Aufstellung, ob sie angesprochen werden will oder nicht. Dies ist:

➡ Die **offene Gruppe**

Die Gruppenmitglieder stehen offen, mit ihrem Gesicht zu Ihnen. Dann können Sie nach Erwiderung Ihrer Gestik oder Blickkontakt, mit der Sie ausdrücken, dass Sie sich dazugesellen wollen, hinzutreten.

✓ **Die beste Lösung in dieser Situation**

Sollte noch Platz sein und Sie jemanden aus der Gruppe kennen, nehmen Sie zu dieser Person Blickkontakt auf. Wird dieser erwidert, signalisieren Sie durch Gestik, dass Sie zur Gruppe stoßen möchten. Erhalten Sie eine positive Reaktion, treten Sie dazu.

Wird Ihr Blickkontakt oder ihre Gestik ignoriert, suchen Sie sich eine andere Gruppe oder Einzelperson.

✓ **Nicht mit Hektik dazu treten**

Wenn Ihnen die Möglichkeit geboten wird zur Gruppe zu treten, machen Sie das ohne Hektik.

Hektik oder Hast wirkt bei jeder Kontaktaufnahme zum Small Talk negativ oder irritierend.

✓ **Fragen, ob man stört**

Obwohl man Ihnen signalisiert hat, dass man dazu treten kann, ist ein Satz wie:

„Ich hoffe, ich störe nicht..."

oder (im Beruf)

„Ich hoffe, ich platze nicht in vertrauliche Gespräche..."

angebracht.

✓ **Fragen, ob man sich dazusetzen darf**

Sollte die Gruppe sitzen, brauchen Sie nichts signalisieren.

Treten Sie dazu und fragen einfach:

„Darf ich mich zu Ihnen setzen?"

oder

„Ist dieser Platz noch frei?"

Es ist **unhöflich**, sich einfach ohne zu fragen, auf einen freien Platz in Hörweite zu setzen. Dieser Fehler geschieht sehr häufig. Damit fällt man sehr unangenehm auf und Sie geraten in den Ruf eines Rüpels oder gefühllosen Menschen.

✓ **Schalten Sie sich nicht gleich in das Gespräch ein, hören Sie erst einmal zu**
Wenn Sie sich mit Erlaubnis in Hörweite zur Gruppe gesetzt haben, dürfen Sie unauffällig und diskret zuhören. Sobald die Gelegenheit passt und Sie über das Gesprächsthema informiert sind, können Sie sich in das Gespräch einklinken. Vorteilhaft ist es, wenn Sie die Grundtendenz zum Thema kennen.

✓ **Z. B. können Sie sagen:**
„Entschuldigung, ich höre gerade, Sie sprechen über die Olympiade. Wie ist denn das aktuelle Ergebnis bei ...?"
oder
„Entschuldigung, Sie sprechen soeben über den neuen Film ... Können Sie ihn empfehlen?"
bzw.
„Entschuldigung, Sie sprechen gerade das neue Produkt der Firma... an, was halten Sie davon?"

✓ **Nicht wertend ins Gespräch einklinken**
Hüten Sie sich vor Wertungen jeder Art. Stellen Sie lieber Fragen zum Thema. Halten Sie sich mit Wertungen zurück. Diese sind, ob positiv oder negativ immer

gefährlich. Auf jeden Fall solange Sie die Situation und Meinungstendenz der Gruppe nicht kennen.

✓ **Freundlich verabschieden**

Eine freundliche Verabschiedung sollte selbstverständlich sein. Sie bleiben damit in guter Erinnerung. Leider wird das häufig unterlassen.

Ein Satz wie:

„Danke, dass ich mich setzen durfte. Ich wünsche noch einen schönen Nachmittag ..."

oder

„Noch einen schönen Tag allerseits..."

ist noch nie negativ aufgefallen.

➡ **Die Gruppe steht mit dem Rücken zu Ihnen**

Völlig eindeutig ist es, wenn Ihnen in einer Gruppe alle Personen den Rücken zuwenden. Deren Körpersprache zeigt: „Lass uns in Ruhe".

Hier sollten Sie nur stören, wenn es „brennt".

Ihr erfolgreicher Small Talk-Einstieg

• **Beginnen Sie mit einem ungewöhnlichen Einleitungssatz**

Nach Ihrer Vorbereitung – Blickkontakt, Lächeln usw. – gehen Sie zum ausgewählten Gesprächspartner und sagen:

„Sie stehen hier alleine und ich bis jetzt ebenfalls. Meinen Sie, wir finden ein gutes Gesprächsthema?"

Alternative:

„Sie sitzen alleine, ich auch. Meinen Sie, wir finden ein gutes Gesprächsthema? Darf ich mich zu Ihnen setzen?"

Stimmt die von Ihnen angesprochene Person zu, könnte ein Satz wie nachstehend folgen:

„Danke, das ist ja nicht üblich. Deshalb möchte ich mich zumindest vorstellen. Damit Sie wissen, mit wem Sie es zu tun haben."

Jetzt erzählen Sie über sich etwas Situationsgerechtes. Bei mir lautet das häufig so, wenn ich in einer anderen Stadt bin:

„Mein Name ist Künneth, ich komme aus München und halte hier ein Firmenseminar."

In diesem Satz ist die Möglichkeit einer Rückfrage eingebaut. Erfahrungsgemäß werde ich deshalb gefragt, welches Seminar ich halte.

Ich schätze dann die Person dahingehend ein, für welche Seminare sie sich interessieren würde. Dieses Seminar nenne ich und beende diese Auskunft mit der Frage:

„Jetzt bin ich neugierig, was arbeiten Sie denn?"

Ich bekomme immer eine gute Antwort, die mir die Möglichkeit für eine nächste Frage bietet. Mit dieser Methode baut man ein Gespräch erfolgreich auf.

Ich weiß, dass man mit diesen oder ähnlichen Sätzen Erfolg hat. Versuchen Sie es! **Übung macht den Meister.**

Achtung: Gefahr, wenn Sie Frauen erstmals ansprechen!

Viele Männer versuchen dabei besonders witzig zu sein. Das geht häufig in die Hose. Frauen könnten über derartig geistlose Versuche ein Buch schreiben. Sie haben dabei ab und zu den Eindruck, dass sich bei den Männern vor Aufregung das Gehirn ausschaltet und der Verstand in einen tiefer gelegenen Körperteil fällt.

- **Bieten Sie Ihre Hilfe an**
Wenn Sie sehen, dass eine für Sie interessante Person hilfesuchend schaut, gehen Sie hin und sagen:
„Entschuldigung, kann ich Ihnen behilflich sein?"
„Entschuldigung, wenn es Ihnen recht ist, helfe ich Ihnen gerne beim ..."
Unangenehm fallen Sie mit Ihrem Hilfsangebot sicher nicht auf.
Vorausgesetzt Sie schauen freundlich, lächeln, nutzen eine weiche Stimme und sprechen nicht zu schnell.

- **Bitten Sie selbst um einen Gefallen oder Hilfe**
Menschen sind gerne behilflich, wenn man sie freundlich bittet. Auch Deutsche.
Die folgenden Sätze sind gute Anregungen:
„Entschuldigung, können Sie mir sagen, wo ...?"
„..., sagen Sie mir bitte, wo finde ich die nächste U-Bahn-Station?"
„..., wo kann man denn hier ein Getränk kaufen?"
„..., wie kommt man am schnellsten zum ...?"
„..., wo haben Sie Ihr Eis gekauft?"

Sie merken: Alles einfache, banale, alltägliche Fragen und für manche Menschen trotzdem schwierig.

Normalerweise stellen Sie solche Fragen ohne nachzudenken, wenn Sie eine Auskunft benötigen. Weshalb dann nicht zum Start des Small Talk?

Beim Small Talk verwenden Sie diese Fragen zur Gesprächsaufnahme.

- **Nutzen Sie die Aussagen anderer, um sich einzuklinken**

„Entschuldigen Sie bitte, ich höre gerade, dass Sie über den neuen Film (oder ein anderes Ereignis) sprechen. Können Sie ihn empfehlen?"

„Entschuldigen Sie bitte, ich sehe, dass Sie das neue Produkt ... gekauft haben, wie schmeckt es denn?"

Diese oder ähnliche Sätze sind gute Ansatzpunkte, um ein Gespräch zu eröffnen. Sie nutzen einfach die vorhandene Situation und sprechen über Fakten. Wenn Sie dann mit einer Frage abschließen, ist- dass ein guter und gelungener Start in den Small Talk.

- **Setzen Sie richtig gewählte Komplimente ein**
Lesen Sie dazu das entsprechende Kapitel.

„Ein Kompliment ist die charmante Vergrößerung einer kleinen Wahrheit."
Johannes Heesters

- **Der gemeinsame „Aufhänger" hilft**

Die gemeinsame Zigaretten-, Auto-, Uhrenmarke, Hunderasse, Sportgeräte sind sehr gute Gründe, eine andere Person anzusprechen.

„Entschuldigung, ich sehe wir besitzen beide die gleiche Hunderasse. Seit wann haben Sie Ihren Hund?" oder „...wie alt ist er denn? "

„Entschuldigung, Sie fahren den neuen BMW. Ich interessiere mich auch für diesen Typ. Sind Sie damit zufrieden?"

„Entschuldigung, Sie spielen mit dem neuen Tennisschläger. Wie kommen Sie damit zurecht?"

Keine Sorge, jeder spricht gerne über seine neue Errungenschaft. Diese Kontaktaufnahme klappt sicher.

- **Lassen Sie sich verkuppeln**

Mit Sicherheit eine der erfolgreichsten Methoden. Fragen Sie einen Bekannten:

„Kennst Du die Person (Ihre ausgewählte Person)? Ja, dann stell' mich ihr doch bitte vor bzw. mache uns doch miteinander bekannt. "

Einfach und erfolgreich. Verwenden Sie diese Möglichkeit.

- **Natürlich der Dauerbrenner**

Mit wirklichem Hintergrund und deshalb mit Überzeugung rübergebracht:

„Entschuldigung, kennen wir uns nicht? Sie kommen mir bekannt vor. "

„Entschuldigung, wir müssen uns schon einmal über den Weg gelaufen sein. Sie kommen mir bekannt vor."

Auf alle Fälle einfacher, als man sich vorstellt.

Wichtig: Verwenden Sie diese Methode nur, wenn sie ernst gemeint ist und einen wahren Hintergrund hat.

Empfehlung:

- Sprechen Sie eine unbekannte Person nur in Ausnahmesituationen von hinten an. Der vorteilhafte Blickkontakt fehlt.

- Ebenso ungünstig ist es, wenn Sie eine unbekannte Person ohne plausible Begründung von der Seite ansprechen. Auch in dieser Situation ist Blickkontakt sehr schwierig.

Nur zur Erinnerung!
Sie sind mit Ihren bisherigen Small Talk-Erlebnissen unzufrieden. Deshalb sollten Sie an sich etwas ändern.
Das bedeutet:

- **Änderung Ihrer Denkweise,**
- **Änderung Ihrer Verhaltensweise,**
- **Unbequemlichkeit und Ängste fallen zu lassen,**
- **evtl. anfangs einen Misserfolg zu akzeptieren.**

Danach kommt der Erfolg.
Wie schon das Wort sagt: er folgt (Erfolg)

Die Gesprächsweiterführung

Bisher haben wir den Start zum Small Talk beschrieben. Nun nützliche Tipps, um ihn erfolgreich weiterzuführen:

- **Namen behalten**

Ihr Gegenüber hat Ihnen seinen Namen genannt. Sprechen Sie ihn regelmäßig, aber nicht zu häufig damit an. Es sichert Ihnen ein Höchstmaß an Aufmerksamkeit. Ihr weiterer Vorteil, Sie merken sich den Namen besser, weil Sie ihn wiederholen.

Sollten Sie den Namen Ihres Gegenübers nicht mehr wissen, dann fragen Sie **nicht**:

„Entschuldigung, bitte sagen Sie mir nochmals Ihren Namen, ich habe ihn ***vergessen.*** *"*

Vergessen ist ein „Tabuwort". Es ist negativ belegt.

Entfallen ist eine sehr gute Alternative.

Wesentlich besser:

„Entschuldigung, mir ist Ihr Namen ***entfallen****. Bitte sagen Sie ihn mir nochmals. "*

- **Achten Sie auf Ihre Sprechweise und den Sprachstil**

Im Trachtenanzug können Sie Dialekt sprechen. Im Anzug ist eher Schriftdeutsch zu empfehlen. Passen Sie Ihre Ausdrucksweise Ihrem Outfit an. Es ist sehr irritierend, wenn Sie in süddeutscher Tracht Plattdeutsch sprechen.

- **Vermeiden Sie unterschiedliche Ebenen**

Ein großer und ein wesentlich kleinerer Gesprächspartner. Jeder kennt diese Situation. Sie ist für beide Seiten unangenehm.

Mit dem einfachen Satz:

„Lassen Sie uns setzen, so spricht es sich leichter"

oder

" Ich habe momentan leichte Rückenbeschwerden, lassen Sie uns doch bitte setzen"

kommt man weiter.

Viele Frauen empfinden es respektlos, wenn sich ihr Gesprächspartner ohne zu fragen einfach setzt und sie stehen muss.
Ebenso ist es nicht wertschätzend, wenn er sich im Beisein seiner weiblichen Gesprächspartnerin an Möbelstücke oder anderswo anlehnt und sie normal steht.

- **Mimik, Gestik und Blickkontakt beachten**

Aufrichtiges, kein gekünsteltes Lächeln steht in der Sympathieskala der Deutschen an erster Stelle. Nutzen Sie dies für Ihren Gesprächserfolg.
Gestik beim Gespräch sollte sich überwiegend **oberhalb** der Gürtellinie abspielen. Dort wirkt sie positiv.

Unterhalb der Gürtellinie wird sie negativ bewertet.

- **Die Gürtellinie** gilt als neutrale Zone. **Finden Sie Umleitungen für einen Themenwechsel**
Es ist für viele Small Talker nicht einfach, ohne ersichtlichen Grund das Thema zu wechseln.

„Entschuldigung, dabei fällt mir eine Geschichte aus unserem Türkeiurlaub ein. Die möchte ich loswerden."

Ihr Gegenüber hat jedoch soeben von einem Erlebnis mit Vodafon erzählt. Ein völlig anderes Thema.
Wenn seine Frage: *„Wie kommen Sie denn in diesem Zusammenhang auf die Türkei?"* im Raum steht, antworten Sie:
„Kann ich auch nicht sagen. Aber bei mir hat es einfach ,Klick' gemacht. Dann ist mir diese Geschichte eingefallen."

Wenn Sie Ihre Geschichte interessant rüberbringen, fällt Ihr Themenwechsel garantiert nicht unangenehm auf.
Nur Mut. Gedankensprünge bereichern jeden Small Talk.

- **Nutzen Sie die Wirkung eines guten Zitats**
Es ist notwendig, dass das Zitat zur Situation passt. Ich kenne Menschen, die sind wandelnde Zitatenlexika. Andere nicht.
Eines sollten Sie wissen: Ein Großteil der bekannten Zitate ist nie oder nie wie bekannt festgehalten worden.

„Zitate sind ein öffentlicher Unterstützungsverein für Leute ohne eigene Gedanken."
Wilhelm Raabe 1831 - 1910

Trotzdem beleben Sie den Small Talk.
Wichtig: *„Klasse vor Masse."*

- **Führen Sie keine Monologe**

Small Talk funktioniert bestens als Dialog. Fragen und Antworten gehören zum erfolgreichen Small Talk. Monologe sind kein Small Talk.

Sollte Ihr Gesprächspartner nicht besonders gesprächig sein, beenden Sie das Gespräch. Es gibt bestimmt gesprächigere Teilnehmer.
Sie können auch einen letzten, deutlichen jedoch nicht schlechten Versuch starten.

Sagen Sie:
„Besonders gesprächig sind Sie nicht. Es wäre schon sinnvoll, wenn Sie mehr zu unserer Unterhaltung beitragen würden."

Was kann nach dieser Aussage geschehen?

Ihr Gesprächspartner wird häufig sagen:

„Das ist mir gar nicht aufgefallen."
Sie sollten dann entgegnen:
„Na ja, so schlimm war es auch wieder nicht. Aber etwas mehr Beteiligung wäre gut."

Sie werden sehen, jetzt läuft das Gespräch besser.
Vielleicht.
Mundfaule Personen ändern sich erfahrungsgemäß nicht Knall auf Fall.

Sollte wider Erwarten Ihr Gesprächspartner säuerlich reagieren, beenden Sie das Gespräch.

Geschehen ist nichts. Denn bei einem nicht gesprächsfähigen oder unwilligen Partner läuft das Gespräch bestimmt nicht lange.

Wichtig
Gehen Sie bei geplanten Small Talks die möglichen Antworten Ihres Gesprächspartners vorher gedanklich durch.
Bereiten Sie sich gründlich darauf vor, kommen Ihre Antworten zur Situation passender.

Die gelungene Verabschiedung

Privat und beruflich wird Small Talk genutzt, um während einer Veranstaltung oder eines Events möglichst viele interessante und neue Kontakte zu knüpfen.
Zum Abschluss eines guten Gesprächs sollten Sie, mithilfe einer gelungenen Verabschiedung, positiv in Erinnerung bleiben. Hier genügen einige freundliche Sätze.
Dann können Sie die Bekanntschaft später weiterführen.

Es ist kontraproduktiv, nur mit einer Person Kontakt aufzunehmen.

Small Talk bedeutet normalerweise nicht, während einer Veranstaltung nur mit einem Gesprächspartner zu sprechen und mit diesem den gesamten Abend zu plauschen.

Eine Small Talk-Verabschiedung muss nicht ausufernd sein. Besser kurz, knackig, sympathisch.

Sie beinhaltet:

- **Freude über das Gespräch**

„Ich finde, wir hatten ein sehr gutes Gespräch."

- **Freude über die Bekanntschaft**

„Außerdem habe ich mich gefreut, dass wir uns kennen gelernt haben."

- **Den Grund zur Trennung**

„Ich bin noch mit Bekannten verabredet und muss mal sehen, wo sie sind."

„Jetzt muss ich mal nach meiner Frau schauen, damit sie mich nicht suchen muss."

Bei dem Grund können Sie ruhig etwas flunkern. Erwischen lassen sollten Sie sich dabei nicht.

- **Einen guten Wunsch an Ihr Gegenüber**

„Ich wünsche Ihnen noch einen schönen Abend."

„Dann wünsche ich Ihnen noch eine angenehme Veranstaltung."

- **Die Hoffnung auf ein Wiedersehen**

„Vielleicht sehen wir uns noch am Büfett."

„Vielleicht sehen wir uns noch im Laufe der weiteren Veranstaltung."

Der letzte Satz ist eine Floskel und bedeutet im Klartext:
Ein Wiedersehen ist möglich, jedoch nicht geplant.

Wenn Sie wirklich an einem Wiedersehen interessiert sind, dann überreichen Sie mit folgenden oder ähnlichen Formulierungen Ihre Visitenkarte:

„Ich habe mich wirklich gefreut, dass wir uns kennen gelernt haben. Außerdem hatten wir ein sehr angenehmes Gespräch.
Sie wissen ja wie das ist, wenn es am meisten Spaß macht, sollte ein Gespräch beendet werden.
Wir können es ja zu einem späteren Zeitpunkt weiterführen. Wie Sie sagten, kommen Sie regelmäßig nach München. Ich gebe Ihnen meine Visitenkarte. Bitte melden Sie sich einige Tage vorher bei mir, dann lade ich Sie gerne zu einer Tasse Kaffee ein. Dabei können wir unser Gespräch weiterführen."

Tipp
Haben Sie immer einen ausreichenden Vorrat Visitenkarten bei sich, wenn Sie aus dem Haus gehen!

Keine Sorge, Sie werden kaum dazu kommen, diese Sätze ohne Unterbrechung zu sagen. Ihr Gegenüber wird Sie unterbrechen und Ihnen wahrscheinlich bestätigen, dass er die Situation genauso sieht.

Wenn Sie wirklich an einem Wiedersehen interessiert sind, dann sagen Sie dies unmissverständlich und übergeben zur Sicherheit Ihre Visitenkarte.

Es gibt keinen Königsweg zum erfolgreichen Small Talk.

Mit Gesprächspartnern, die an einem Small Talk interessiert sind, kommen Sie mit

- **guter Vorbereitung,**
- **Mut,**
- **Übung,**
- **und Selbstbewusstsein**

sicher an Ihr Ziel!

Weitere erfolgreiche Tipps

- Stellen Sie Fragen, deren **Antwort** Sie bereits kennen. So erkennen Sie, ob Ihr Gesprächspartner sich auskennt, schwindelt oder Sprüche klopft.

Besteht Ihr Ziel beim Small Talk darin, herauszufinden, in welchem Maß Sie mit der **Meinung** des Gesprächspartners übereinstimmen, dann gibt es eine erprobte Möglichkeit.

Stellen Sie Fragen, zu denen Sie eine eigene Meinung haben.

Z. B.:

„Glauben Sie, dass die neuen Trainingsmethoden des FC ... erfolgreich sein werden?"

„Glauben Sie, dass die Feinstaubverordnung für PKW die Luft der Innenstädte sauberer hält?"

„Meinen Sie, dass alle Bio-Produkte wirklich den Richtlinien der Bio-Verordnung entsprechen?"

„Was meinen Sie, bringt die Durchforstung der Verkehrszeichen wirklich etwas für den Straßenverkehr?"

„Glauben Sie, dass unser OB das Fahrverbot für Diesel in unserer Stadt durchsetzt?"

Wenn Ihnen Ihr Gesprächspartner seine Meinung dazu mitteilt, können Sie diese mit Ihrer eigenen Überzeugung vergleichen und Ihre Schlüsse ziehen.

- **Erfragen Sie Auskünfte, deren Beantwortung Sie kennen**
Dieser Trick wird gerne benutzt, wenn man die Wahrheitsliebe des Gegenübers prüfen will.
Besonders dann, wenn man annimmt, dass er übertreibt, angibt oder lügt.

„Schade, dass man jetzt vom Flughafen Nizza nach Monte Carlo nicht mehr mit dem Hubschrauber fliegen kann."

„Die Betreuung im ICE 1. Klasse hat sich nicht verbessert."

„Leider erhält man im ICE immer noch keine Tageszeitungen gratis."

„Gott sei Dank, nach dem Fußballspiel kommt man jetzt aus dem Parkhaus der Allianz-Arena schneller heraus."

„Augsburg hatte in der deutschen Geschichte noch nie eine große Bedeutung."

Alle die vorstehenden Aussagen sind falsch. Jede Person, die sich auskennt, wird Ihnen widersprechen.

Welche Vorteile bringt Ihnen diese Art der Fragestellung?

Sie stellen fest, ob er informiert ist. Sie prüfen seine Aufrichtigkeit und können entscheiden, ob Sie die Bekanntschaft weiter pflegen, einschränken oder beenden.

Was sind die Nachteile bzw. Gefahren dieser Taktik?

Natürlich besteht die Gefahr für diese Gesprächsführung darin, dass Ihr Gegenüber Ihren Test bemerkt und Sie darauf anspricht.

Dann nutzen Sie die nachstehenden Sätze zur Entschuldigung:

„Ich war mir in diesem Fall nicht ganz sicher, wie die Situation ist und habe deshalb nachgefragt. Entschuldigung."

„Entschuldigung, da hatte ich einen Black-out."

„Ich habe da etwas verwechselt."

„Ein flüchtiges Gespräch (Small Talk) muss mind. vier Minuten dauern, sonst entsteht der Eindruck von Kurzangebundenheit."

Dr. Leonard Zunin, Psychologe, USA

Wichtige Punkte zur Körpersprache

Die Körpersprache ist ein wichtiger Teil der menschlichen Kommunikation. Im Normalfall, wenn Sie die Wahrheit sagen, wird Ihre Körpersprache synchron zu Ihren Worten ablaufen. Bei Unwahrheit oder Lügen widersprechen sich im Normalfall Ihre Worte und die Körpersprache. Sie laufen nicht synchron. Geübte Lügner können das kaschieren. Selbst denen gelingt das nicht immer. Bei Gesprächen beeinflusst unsere Körpersprache zu **90%** das Gefühl, das wir vom Gespräch haben oder hatten. Informationen werden zu **60 %** über die Körpersprache übertragen. Aufrichtigkeit beim Small Talk beinhaltet eine echte und nicht manipulierte oder gespielte Körpersprache. Die brauchen ehrliche Menschen nicht zu spielen oder darauf zu achten. Sie läuft von selbst.

Schlimme Fehler der Körpersprache
Zur Körpersprache werden Tagesseminare veranstaltet. Bzw. gibt es dazu gute Bücher. Deshalb nachstehend nur die wichtigsten Punkte:

Ungleiche Ebenen

Eine Person steht, die andere sitzt. Das ist schlecht.

Hände bzw. Hand in der Tasche

Hände in den Taschen zeigt keine Wertschätzung der anderen Person gegenüber.

Hände auf dem Rücken, Hände verstecken, Hände unter dem Tisch

Es gilt auch heute noch in Deutschland als sehr unhöflich, wenn man die Hände des Gegenübers nicht sieht.

In Deutschland gilt: Hände werden nicht versteckt. Ihr Gegenüber muss sie jederzeit sehen können. Ältere Menschen sehen das sehr kleinlich. Je älter die Person, umso geringer ist deren Toleranz.

Hände gehören auch, wenn man sitzt, **auf** und nicht unter den Tisch. Dies wirkt aufmerksam und respektvoll. Unter dem Tisch das Gegenteil.

Hände in der Seite – zu breitbeinig stehen

Beides sieht sehr dominant aus. Es wirkt leicht einschüchternd. Unterlassen Sie es!

Stellen Sie Ihre Füße so weit auseinander, dass die Außenseite der Schuhe nicht über Ihre Schulterbreite hinaussteht.

Hände in der Seite wirken schnell bedrohlich. Besonders dann, wenn Sie sich dazu leicht nach vorne beugen und/oder mit dem Oberkörper wippen.

Hände falten

Kommt pastoral rüber, wirkt nicht positiv. Gehört in die Kirche.

Freistoßhaltung

Ideal beim Fußball. Gilt beruflich als sehr ungeschulte Haltung. Wirkt in keiner Situation professionell oder überzeugend. Ich bin immer wieder erstaunt, wie vielen öffentlichen Personen dies nicht bekannt ist.

Arme verschränken

Gilt seit einigen Jahren als in Ordnung. Wird nicht mehr als abwehrend, Schranke oder Barriere interpretiert. **Wichtig**: Hände, Finger (mit Ausnahme des Daumens) muss man sehen. **Achtung**. Kann auch eine negative Bedeutung haben. Sie können das leicht feststellen. Dazu müssen Sie lediglich in Betracht ziehen, welches Thema Sie soeben angesprochen haben.

„Frau Müller, da haben Sie echt Mist gebaut."

Ihr Gegenüber verschränkt nach oder bei dieser Aussage die Arme. Man sieht keine Hand.

Während Ihrer Erzählung über den letzten Urlaub verschränkt Ihr Gegenüber die Arme.

Unterstellen Sie nicht, dass er negativ empfindet. Wahrscheinlich fühlt er sich sogar wohl und nimmt nur eine für ihn bequeme Haltung ein-

Kein Blickkontakt

Beispiel:

Frau Hofmann und Frau Georg unterhalten sich über ihr gemeinsames Hobby Golf. Frau Hofmann schaut dabei ständig über die Schulter ihrer Gesprächspartnerin hinweg, als ob sie jemanden sucht. Nach kurzer Zeit wird das für Frau Georg störend. Es wirkt unaufmerksam, uninteressiert.

Hier stimmt zwar die Inhaltsebene. Sport ist ein gutes, weil gemeinsames Thema.

Die Beziehungsebene ist allerdings gestört.

Es bestehen Differenzen zwischen der Inhalts- und Beziehungsebene. Sie stimmen nicht überein.

Bei diesem Gespräch wird garantiert die anfänglich angenehme Atmosphäre schwinden.

Denn: Der Körper lügt nicht.

Frau Hofmann interessiert sich in dieser Situation nicht wirklich für ihre Gesprächspartnerin oder das Thema.

Das wird Frau Georg objektiv und subjektiv registrieren und sie irritieren.

Gesicht abgewandt

Diese Gestik wird als Signal für Desinteresse oder Unkonzentriertheit verstanden. Sie ist deshalb für ein Gespräch nicht förderlich. Blicken Sie Ihren Gesprächspartner offen an.

Zu geringer oder zu weiter Abstand

Respektieren Sie den Distanzbedarf Ihres Gesprächspartners. Nutzen Sie dieses Signal der

Körpersprache zum Gesprächserfolg. Wenn sich beide Gesprächspartner wohlfühlen, sind das die besten Voraussetzungen für einen sehr guten Small Talk. Beachten Sie das Kapitel **Distanzzonen.**

Zu schnelles Sprechen

Nervosität verleitet zum schnellen Sprechen. Leider wirkt es nicht überzeugend. Ein Missverständnis bei den ersten Sätzen des Small Talks ist sehr unglücklich. Möglicherweise kommt der Small Talk dann nicht zu Stande. Ihr Small Talk-Partner muss schließlich mitdenken, Ihre Worte verarbeiten und sich auf Ihre nächsten Ausführungen vorbereiten.

Beachten Sie folgendes:
Sprechen Sie immer eine Nuance langsamer als Ihr Gegenüber.

Jüngere Menschen sprechen meist schneller als ältere Personen. Das ist nicht vorteilhaft.

Mit welcher Altersklasse werden Sie Ihren Small Talk beginnen? Passen Sie Ihr Sprechtempo an. Gegenüber jüngeren Menschen sprechen Sie etwas schneller. Bei älteren Personen langsamer.

Zu hastige und zu viele Gesten

Damit wirken Sie fahrig und nicht souverän. Diese schnelle Gestik hängt häufig mit Nervosität zusammen. Unsichere Menschen sprechen schneller. Deshalb ist deren Gestik schnell.

Unterstreichen Sie Ihre Worte mit einer ruhigen, gelassenen Gestik. Das wirkt glaubwürdig.

Wichtiges zum Small Talk im Überblick

- **Small Talk ist besser als sein Ruf.**
- **Nutzen Sie den Small Talk auf jeden Fall als Aufwärmphase vor ernsten oder schwierigen Gesprächen. Natürlich nur, wenn keine endgültige und unangenehme Entscheidung ansteht.**
- **Beachten Sie die willkommenen Themen und die Tabu-Themen.**
- **Wählen Sie die erste Kontaktperson überlegt aus.**
- **Beachten Sie deren Körpersprache.**
- **Nehmen Sie Blickkontakt auf.**
- **Lächeln Sie.**
- **Berücksichtigen und nutzen Sie Distanzzonen.**
- **Seien Sie variabel bei Ihrem Einstiegssatz.**
- **Passen Sie ihn sowohl dem Personenkreis, als auch der Situation an.**
- **Beginnen Sie den Small Talk mit Ihrer Selbstvorstellung.**
- **Stellen Sie wenige geschlossene Fragen.**
- **Stellen Sie überwiegend offene Fragen.**
- **Antworten Sie auf geschlossene Fragen offen.**
- **Versuchen Sie, sich Namen zu merken.**
- **Verwenden Sie diese häufiger.**

- Hören Sie beim Small Talk aufmerksam zu.
- Sind Sie nicht neunmalklug.
- Halten Sie keine Monologe.
- Verschaffen Sie sich einen gekonnten Abgang.
- Small Talk ist eine wichtige Basis für Kontakte.
- Small Talk wird auf der Beziehungsebene geführt.
- Mit Humor und Selbstironie gewinnen Sie Sympathien.
- Bereiten Sie sich durch Zeitungslektüre auf den Small Talk vor.
- Bilden Sie Assoziationsketten, um den Small Talk in Gang zu halten.
- Eine positive Grundeinstellung zu Ihrem Gegenüber ist Voraussetzung für erfolgreichen Small Talk.
- Gute Umgangsformen, angefangen bei situativ korrekter Kleidung bis zu angenehmen Tischsitten, bringen Vorteile und Sympathie.
- Stellen Sie sich auf die Stimmung Ihres Gegenübers ein.
- Beachten Sie Ihre eigene Körpersprache.
- Nehmen Sie die Körpersprache Ihres Gesprächspartners zur Kenntnis.
- Small Talk ohne Humor ist wie eine Suppe ohne Salz.

(Auszug aus „Stil und Etikette")

Komplimente sind Balsam für Menschen

Sie sind Balsam für die Seele, auch im Small Talk. Wir Deutsche sind keine Weltmeister im Umgang mit Komplimenten, weder beim Vermitteln noch beim Entgegennehmen. Damit hapert es bei uns. Die meisten anderen europäischen Bürger gehen damit wesentlich besser um.

Merke: Sympathie gewinnen Sie, wenn Sie regelmäßig Komplimente machen.

Tipp
Drei Komplimente pro Woche gegenüber unterschiedlichen Personen genügen.

Sie werden feststellen, dass sich das Verhalten Ihrer Umwelt Ihnen gegenüber nach etwa 6-8 Wochen deutlich positiv verändert.

Verwechseln Sie Komplimente nicht mit **Lob**. Ein **Lob** gibt es für eine überdurchschnittliche Arbeitsleistung oder ein entsprechendes Ergebnis. Z. B.:

„Sie haben Ihre Arbeit sehr schnell und sehr gut erledigt."

„Danke, dass Sie die Statistiken über das Wochenende erstellt haben."

Damit **loben** Sie!

Mit einem Lob wollen Sie Ihre Zufriedenheit über eine Arbeitsleistung ausdrücken.

„Ihr Füller ist sehr stilvoll."

„Jetzt arbeiten wir schon einige Zeit zusammen. Ich bewundere immer, wie perfekt Ihr Outfit auf Ihre Persönlichkeit abgestimmt ist."

„Frau..., es gefällt mir, wie Sie Ihr Outfit immer auf den jeweiligen Anlass abstimmen."

Das sind **Komplimente.**

Mit einem Kompliment wollen Sie Freude bereiten.

Sie wollen damit
Ihr positives Interesse an der Persönlichkeit eines Menschen – bezogen auf

- Aussehen,
- Verhaltensweise

oder

- Charakter

ausdrücken.

Bringen Sie Komplimente aufrichtig rüber.

Mittels:

♦ **„Ich-Botschaften"**

Sagen Sie:

*„**Ich** merke schon seit einiger Zeit, dass Sie sich sehr stilvoll kleiden."*

*„**Ich** finde, Ihre neue Frisur betont Ihren Typ sehr vorteilhaft."*

*„**Ich** finde, Ihre neue Handtasche passt sehr gut zu Ihrem Outfit."*

♦ **Verwenden Sie „Sie-Formulierungen"**

*„Seit Sie Ihren Kleidungsstil geändert haben, sehen **Sie** vorteilhafter aus."*

*„Mit Ihrer neuen Frisur wirken **Sie** sehr attraktiv."*

*„Ihre Handtasche sieht super aus. **Sie** haben einen sehr sicheren Geschmack."*

Keine „Wir"- und „Man"-Formulierungen!

♦ **Treffen und begründen Sie konkrete Aussagen**

Nicht:

„Sie sind ein erfolgreicher Geschäftsmann."

„Ich bewundere Ihre sportlichen Leistungen."

„Du bist eine gute Hausfrau."

Diese sind zu schwach, zu allgemein.

Besser:

„Für mich sind Sie ein erfolgreicher Geschäftsmann, weil ..."

„Besonders bewundere ich Ihre sportlichen Leistungen, weil ..."

„Für mich bist du eine gute Hausfrau. Besonders bewundere ich an dir..."

Präzisieren Sie mit „warum", „weshalb", „wieso".
Es wirkt glaubhafter und nie „schleimig".

Sind Sie ehrlich.

Keine Komplimente,

- wenn Sie nicht dahinterstehen,
- wenn Sie nicht davon überzeugt sind,
- um selbst persönlich voranzukommen,
- für einen kurzfristigen Vorteil,
- mit Spitzfindigkeiten.

Gefährlich sind Komplimente...

☹ gegenüber einer einzelnen Frau, wenn andere Frauen zuhören.

☹ an einzelne Personen einer Gruppe.

☹ wenn sie übertrieben formuliert werden.

☹ wenn sie spöttisch klingen.

☹ wenn sie als anzüglich verstanden werden können.

☹ wenn Ihre Mimik und Gestik das Gegenteil sagen.

☹ sie unaufrichtig sind.

☹ wenn Sie diese bei Nachfrage nicht unverzüglich begründen können.

☹ wenn Sie Ihr Kompliment mit nicht allgemein bekannten Fremdworten ausschmücken.

- **Blickkontakt**

Bei jedem Kompliment unbedingt Blickkontakt aufnehmen und halten.

Augen lügen nicht (siehe Kapitel Blickkontakt).

So nehmen Sie Komplimente entgegen:

➡ Freuen Sie sich darüber.

➡ Hören Sie dabei gut zu.

→ Bedanken Sie sich.

→ Erwidern Sie das Kompliment.

→ Blickkontakt und Lächeln gehören dazu.

→ Werten Sie es nie ab.

→ Relativieren Sie es nicht.

→ Pauschalisieren Sie es nicht.

→ Rechtfertigen Sie sich nicht.

→ Lächeln Sie.

Beispiel zum Abwerten:

„Die Jacke war nicht teuer, ich habe sie im Angebot gekauft."

„Der Schal hat nichts gekostet. Ich habe ihn gratis zu meinem Einkauf erhalten."

Beispiel für Ihre gute Antwort:

„Da freue ich mich, dass dir das auffällt, aber deine neuen Schuhe sehen ebenfalls sehr schick aus."

„Dein Kompliment freut mich. Deine Aktentasche ist auch sehr stilvoll."

• Dabei Blickkontakt aufnehmen und halten.

Keinesfalls mit folgenden Sätzen:

☹ *„Das Kleid war gerade so billig."*

☹ *„Das Hemd kostete nur..."*

☹ *„Der Anzug war ein Sonderangebot."*

☹ *„So schwierig war die Aufgabe auch nicht."*

☹ *„Die Deko war sehr einfach zu arrangieren."*

☹ *„Finden Sie es schön? Na ja, es geht so. War günstig."*

Das Wichtigste zu Komplimenten

So formulieren Sie Komplimente:
- durch „Ich-Botschaften",
- durch „Sie-Formulierungen",
- werden Sie konkret und nicht pauschal,
- ehrlich gemeint, mit Blickkontakt,
- im Normalfall unter „vier Augen".

So sollten Sie Komplimente empfangen:
- zuhören,
- Blickkontakt aufnehmen und halten,
- lächeln,
- sie nicht abwerten, pauschalisieren,
- sich bedanken,
- erwidern.

Tabus:
Keine Komplimente vor Gruppen. Andere Gruppenmitglieder könnten sich zurückgesetzt fühlen:
„Sie tragen heute ein besonders festliches Kleid."

Solche Komplimente innerhalb einer Frauengruppe an eine einzelne Frau sind brandgefährlich.

Ausnahmebeispiel:
Wenn Sie folgendes zur Gastgeberin sagen, kommt es auch bei anderen Gästen gut an.
„Wegen ihres Bezugs zur Jahreszeit gefällt mir die Tischdekoration sehr gut."

Keine zeitlich begrenzten Komplimente wie z. B.:
*„Sie tragen **heute** eine sehr schicke Bluse."*
*„Ihr Parfüm riecht **heute** sehr gut."*
*„Ihr Auto ist **heute** sehr sauber."*
*„Ihre Wohnung ist **heute** sehr schön aufgeräumt."*

Wundern Sie sich nicht, wenn Ihr Gegenüber einhakt und antwortet:
„Heute? Sonst trifft wohl das Gegenteil zu?"

Beispiel:
Falsche, unglücklich formulierte Aussagen werden in der Regel sehr sensibel registriert.
Sätze wie:
„Ihre knackige Figur ist so sexy, da wird mir ganz schwindelig."
oder
„Ihre Hose kaschiert geschickt Ihre starken Oberschenkel."
gehen ins Auge.

Auch Übertreibungen wie:
„So wunderschöne Augen, wie die Ihren habe ich in meinem ganzen Leben noch nicht gesehen."

Zum Abschluss noch zwei weitere negative Beispiele für verunglückte Komplimente:
„Was für eine schöne Bluse, sie schmeichelt deinen breiten Hüften."
„Deine Rede war wirklich gut. Du hattest sicher einen guten Redenschreiber."

Zusammenfassung zu Komplimenten

So formulieren Sie Komplimente:

- **im Normalfall** unter „vier Augen",
- **ehrlich,** mit Blickkontakt,
- **konkret,** nicht pauschal,
- **durch** „Ich-Botschaften",
- **durch** „Sie-Formulierungen".

**Komplimente sind der Treibstoff
in den Beziehungen der Menschen.
46 % aller Bundesbürger hören gerne Komplimente.
Am liebsten häufiger.**

Nachwort

Nochmals zur Erinnerung eine wichtige Anmerkung:
Viele der geschilderten Redewendungen wirken
geschrieben „trocken", evtl. sogar abgehoben.
Ich traue den Lesern zu, dass sie diese Beispielsätze in
ihren Sprachstil umwandeln, damit sie in der für sie
typischen Ausdrucksweise und stimmigen Körpersprache
einen positiven Eindruck vermitteln.

Dieser **Ratgeber**vermittelt alle wichtigen Punkte für Ihren
erfolgreichen Small Talk. Sie sollten diese nicht nur
kennen, sondern auch anwenden und beachten. Deshalb
wurde es geschrieben.

Sie wissen jetzt, wie Sie den Small Talk

- erfolgreich starten,
- aussichtsreich weiterführen,
- stilvoll und ansprechend beenden.

An Ihnen liegt es, die Empfehlungen anzuwenden.
Dazu müssen Sie zuerst Ihre Schüchternheit überwinden.
Nur Mut. Wir Deutsche führen gerne, ein „kleines Gespräch". Wir sind neugierig. Außerdem – man glaubt es kaum – kommunikativ. Leider schüchtern.
Die andere Person sollte das Gespräch starten.

Dabei ist es doch unbestritten: Wenn man höflich und vernünftig von anderen Personen angesprochen wird, gebietet es schon der Anstand, höflich zu antworten.
Unter Erwachsenen ist dies so üblich.

Sollten Sie doch einmal bei Ihrem Versuch ein Small Talk zu starten Pech haben, prüfen Sie zuerst sich selbst.
Schieben Sie nicht die Schuld auf Ihren Gesprächspartner.
Fassen Sie sich zuerst an Ihre eigene Nase.
Haben Sie eine der empfohlenen Voraussetzungen nicht beachtet oder einen Fehler im Gespräch begangen?

Kein Problem. Niemand ist perfekt.
Ein kleiner Trost. Vielleicht wären Sie mit diesem Gesprächspartner sowieso nicht klargekommen.

Natürlich können Sie den Inhalt dieses Ratgebers durch die Teilnahme an einem Small Talk-Seminar vertiefen.
Melden Sie sich einfach. Unter
info@premiumseminare.de können Sie uns schnell

erreichen. Ebenso sind wir an Fragen und Vorschlägen zu Buchinhalt und Thema interessiert.

Zum Abschluss erfahren Sie noch, was Deutsche an anderen Menschen sympathisch finden. Nutzen Sie es!

Damit wirken Small Talker sympathisch:

Lächeln	71 %
gute Umgangsformen	70 %
angenehme Stimme	59 %
Blickkontakt	57 %
angenehmer Geruch	53 %
ungezwungene Körperhaltung	34 %
passendes, situatives Outfit	33 %
festen Händedruck	23 %
Distanzzonen einhaltend	22 %

Quellenverweis
Einige Inhalte in diesem Ratgeber sind aus dem Werk „Der große Knigge" und deren Newslettern entnommen. Nähere Informationen dazu finden Sie auf www.stil.de.

Ich wünsche Ihnen mit diesem Ratgeber und der Anwendung der Tipps viel Erfolg.

Bitte berücksichtigen Sie: Dies sind Empfehlungen. Sie entscheiden selbst, ob Sie diese annehmen.

Wir sind mit Seminaren bundesweit tätig. Außerdem sind Firmenseminare im deutschsprachigen Ausland kein Problem.

Bitte informieren Sie sich im Internet über unser Seminarprogramm (www.premiumseminare.de), oder mailen Sie uns einfach.

Small Talk-Selbstcheck

Beantworten Sie die Fragen bitte **spontan**, ohne lange nachzudenken mit **„Ja" oder „Nein".**

Ich gehe auf meine Gesprächspartner ein und erkenne, was ihnen wichtig ist. /
Ich fühle mich in meinem Körper wohl. /
Ich bin über aktuelle Themen auf dem Laufenden. /
Die Meinung anderer Menschen interessiert mich. /
Meine positive Einstellung zu anderen Menschen ist positiv. /
Ich komme schnell mit anderen unbekannten Personen ins Gespräch (Zugabteil, Supermarkt u.a.m.). /
Ich konzentriere mich auf die andere Person mit der ich mich unterhalte. /
Ich habe gerne mit Menschen zu tun. /
Ich kann Gespräche in Gang halten. /
Ich bin ein guter Zuhörer/In. /
Ich habe ein Hobby, das mich begeistert. /
Ich passe mein Sprechtempo bewusst dem meines Gesprächspartners an. /
Ich mache regelmäßig Komplimente (ehrlich, mit Blickkontakt und begründet). /
Ich bin bereit, auch über belanglose Dinge zu sprechen. /
Ich kann mich gut auf Stimmungen anderer einstellen. /
Man sagt, ich sei ein guter Unterhalter. /
Ich achte darauf, dass Gespräche nicht monopolisiert werden.

Ich lasse meine Gesprächspartner zu Wort kommen und fördere dies durch weiterführende offene Fragen. /
Ich spiegle Antworten meines Gesprächspartners bewusst und positiv. /
Ich achte speziell vor der Gesprächsaufnahme auf den Blickkontakt zum Gesprächspartner. /
Während des Gesprächs halte ich regelmäßig Blickkontakt.
Ich achte auf die Mimik (Mund) meines Gegenübers. /
Ich setze meine Körpersprache bewusst ein. /
Ich spreche meinen Gesprächspartner regelmäßig mit seinem Namen an. /
Bei jeder Kontaktaufnahme lächle ich bewusst. /
Auch wenn ich bereits das Thema meines Gesprächspartners kenne, unterbreche ich nicht. Ich höre zu und frage nach. /

Alle Bereiche, die Sie mit „Ja" beantwortet haben sind Ihre Stärken. Wuchern Sie mit diesen Pfunden!
Prüfen Sie die anderen Punkte; arbeiten Sie an diesen Schwächen und bauen Sie sie Zug um Zug, nach dem Pareto-Prinzip ab.

Welche Ihrer Small Talk-Fähigkeiten sind ausgeprägt? An welchen müssen Sie arbeiten?

Mein Rat:
Konzentrieren Sie sich erst auf die Verbesserung Ihrer Stärken, danach um den Abbau der Schwächen.

Die Steigerung der Stärken fällt wesentlich leichter, sie ist schneller erfolgreich. Damit verringert sich der Anteil der Schwächen automatisch.

München, Sommer 2017

K. H. Lüth

Karl Hermann Künneth

PremiumSeminare
PersönlichkeitsCoach

Karl Hermann Künneth
über 20 Jahre Seminarerfahrung
Fachbuchautor seit 2009

Autorenbeschreibung

Der Autor war vor seiner Tätigkeit als Management-Trainer Geschäftsführer in verschiedenen Firmen und Branchen.
Die Kontaktaufnahme zu potentiellen Fusionspartnern gehörte zu seinem Aufgabenbereich. Als Vereinsfunktionär war sein Schwerpunkt die Ansprache und Überzeugung der Interessenten und die Gewinnung von Sponsoren. Ein guter Small Talk-Start ist dazu unerlässlich.
Während seiner beruflichen Tätigkeit ist der Autor in 40 Jahren 13-mal umgezogen. Sportclubs hat er in diesem Zusammenhang zwangsläufig gewechselt. Er kann schnell, mittels Small Talk, Kontakte knüpfen und Sympathie gewinnen.
Dieses Praxiswissen vermittelt er in diesem Ratgeber und seinen Seminaren.

Weitere Bücher vom Autor

Zu weiteren Bücher vom Autor informieren Sie sich unter Karl Hermann Künneth in führenden Buchhandlungen und Portalen.

Z. B.:

Restaurantbesuche, Einladungen, Pannen, Stress und Hektik frei.
Geschäfts-, Arbeitsessen und Einladungen als Gast oder Gastgeber ohne Aufregung meistern

AZUBI - Benimm Dich
Der unentbehrliche Ratgeber für Lehrzeit und Praktikum

Sexuelle Belästigung in Beruf, Studium und Schule
So geht man mit sexueller Anmache um

Benimm-Leitfaden für Büro, Assistenz und Sekretariat
Mit guten Umgangsformen Chefs, Besucher und Kollegen gewinnen

Auf unserer Website finden Sie Fernsehbeiträge mit und über den Autor und vielen Bildern aus Seminaren.

Bei Interesse an Firmenschulungen bzw. Einzelcoaching fordern Sie ausführliche Seminarbeschreibungen an. Weitere Informationen unter:
www.premiumseminare.de

Seminare vom Autor

Der Autor veranstaltet für Interessenten folgende Seminare:

Wir gehen stilvoll Essen ■ Geschäfts-, Arbeitsessen und Restaurantbesuche souverän meistern

Bei einem Praxisseminar die Tischsitten und wichtigsten Kniggeregeln auffrischen, das ist der Idealfall. Ein ideales Abendseminar.

Knigge, Etikette und Stil aktuell ■ Aktualisieren Sie Ihr Wissen. Situationsgerechte Umgangsformen sind „In"

Bewegen Sie sich auf jedem Parkett, in jeder Situation sicher und vorbildlich? Ein kurzweiliges, interessantes Seminar für Beruf und Privat über die aktuellen deutschen Regeln.

Business–Knigge aktuell ■ Umgangsformen, Knigge und Stil in Beruf, Management und Privat

Dieses Seminar vermittelt in anschaulicher, unterhaltsamer Form die aktuellen deutschen Umgangsformen.

Büro-Knigge aktuell ■ Überzeugen mit Stil und Kompetenz ■ Aktuelle Umgangsformen und Stil für Büro und Sekretariat

Die Umgangsformen im Sekretariat werden unmittelbar der Firma gutgeschrieben!

AZUBI – Benimm Dich ■ Gutes Benehmen hat auf dem Berufsweg noch nie gestört.

Vom ersten Eindruck, über den Händedruck, zum Grüßen und die allgemeinen Verhaltensregeln. Alle wichtigen Punkte werden angesprochen und Fragen beantwortet.

Rhetorik für AZUBIS „Langer Rede kurzer Sinn"

Das richtige Grundseminar für Azubis, denen es wichtig ist, dass sie sich kundenbezogen ausdrücken. Ideal zur Prüfungsvorbereitung.

Achtung Kunde! Kommunikations- und Umgangsformen für AZUBIS - Erlernen Sie erfolgreiche Gesprächsführung und Benehmen

In diesem Seminar werden AZUBIS auf Kunden- und Besucherkontakte vorbereitet.

Small Talk ▪ Gekonnt Kontakt aufnehmen, unterhaltsam Gespräche führen und stilvoll beenden.

Gesprächsfähigkeit ist „In"

Small Talk ist der Beginn und Kern jeder vernünftigen Unterhaltung. Er schafft Verbindungen, knüpft Kontakte, ist der ideale Einstieg für ernste Gespräche.

Souveräne Rhetorik - Grundseminar ▪ Noch überzeugender und selbstsicherer seine Meinung und Ideen vertreten

Erprobte Profitipps zur sofortigen Anwendung! Das ideale Einsteigerseminar für alle, die reden und überzeugen müssen. Mit der "Macht des Wortes" zum Erfolg.

Power Rhetorik - Aufbauseminar ▪ Für jede Situation die richtigen Argumente

Das ideale Seminar für Fortgeschrittene, die sich, Ihre Firma oder Ihre Leistungen überzeugend rüberbringen müssen.

Der freundliche Besucherempfang, die kompetente Telefonzentrale ▪ Die Visitenkarten einer Firma

Die Mitarbeiter dieser Schlüsselstellen müssen überzeugend und sicher auftreten. Sie vermitteln den ersten Eindruck von Ihrer Firma.

Kundenrückgewinnung und Kundenwerbung ▪ Der erfolgreiche, schnelle Weg zu neuen und ehemaligen Kunden

Sie liegen auf der Straße: die Neukontakte. Auch die Kundenrückgewinnung ist rentabel und motivierend. Ein Praktiker vermittelt in der Praxis erprobte Tipps.

Reklamationen, Beschwerden positiv erledigen ▪ Persönlich, telefonisch oder schriftlich

9 von 10 Kunden, die reklamieren, werden trotz positiver Reklamationserledigung noch stärker verärgert. Nutzen Sie die neuesten Erkenntnisse und erfolgreichen Profitipps!

Die Seminare können veranstaltet werden:

Quick-PremiumSeminare

(3,5 Std. intensiv, tagsüber)
Quick-PremiumSeminare ermöglichen bei geringem Zeitaufwand sofort umsetzbare Praxishilfen. In 3,5 Stunden erarbeiten wir kurz und intensiv die Themen. Hoch konzentriert, unter Einbindung der Teilnehmer: eine effektive Schulung.

After-Work-PremiumSeminare

(3,5 Std. intensiv, am Abend 18:30 – 22:00 Uhr)
Diese Seminare sind genauso konzipiert wie die Quick-PremiumSeminare. Besonders geeignet für Teilnehmer, die außerhalb der Arbeitszeit ihr Wissen vertiefen und erweitern wollen.

Tages-PremiumSeminare – 1 – 2 Tage

(Effektive, kurzweilige, Seminare von 9.30 – 17:00 Uhr)
Für die berufliche und persönliche Entwicklung vermitteln wir immer aktuell, kurzweilig, verständlich und praxisorientiert. In unseren Tages-PremiumSeminaren nutzen wir die gemeinsame Zeit für Übungen und individuelle Lösungen.

PersönlichkeitsCoaching

Einzeltraining ist nachhaltig erfolgreich. Teilnehmer werden individuell mit Schwerpunkten z.B. Redegewandtheit (Rhetorik), Ausstrahlung (Sympathie, Charisma und Körpersprache) oder Karriereförderung beraten.

Alle Seminare auch als <u>Inhouse-PremiumSeminare</u>

Sie möchten für Ihr Unternehmen ein auf Ihre Anforderungen und Ihre Mitarbeiter abgestimmtes Seminar durchführen? Auch an Wochenenden. Wir personalisieren unsere Seminare maßgeschneidert für Sie! Gerne stehen wir für ein Beratungsgespräch zur Verfügung.

Kontakt: Monika Künneth   089 3077 9520

0173 3913 250

Für Ihre Notizen